JN102225

国際人権法の
考え方

川島　聡 Satoshi Kawashima
菅原絵美 Emi Sugawara
山崎公士 Koshi Yamazaki
［著］

法律文化社

はしがき

　本書は、入門書として、読者が国際人権法の基本的な考え方を身につけながら、国際人権法の意義を掘り下げて理解していく際の手引きとなることを目的としている。本書の想定する読者は、国際人権法に関心のある方、国際人権法にはじめて接する方である。特にそのメインとなるのは、国際人権法をこれから勉強する学生である。

　本書は、大学の標準的な授業回数（計15回）にならって、プロローグとエピローグ、13のテーマ（章）からなる。どの章も、基本的には、国際人権法と日本との接点が意識されている。そして、さまざまな事例を交えつつ、具体的な場面で国際人権法がどのような意義（機能）を果たしているかを読者に伝えられるようにという思いで書かれている。

　本書にはこのような特色があるといえるが、大きな限界もあり、国際人権法の論点を網羅的に取り扱っているわけではない。たとえば死刑廃止、環境への権利、発展への権利などを含め、さまざまな重要な論点を取り上げていない。また、入門書としての性格上、先行研究や関係文献に言及していないため、この点について関係者の方々のご海容を乞う次第である。

　さて、本書では、各章の冒頭で必ず読者に問いかけをしている。読者は、その問いを念頭において読み進めると、国際人権法の基礎知識を得ることができる。くわえて、各章では随所に「学習ポイント」を設け、さまざまな問いを投げかけている。たとえば、アクティブ・ラーニング（能動的学修）を採り入れた授業で、学生は他の学生や教員とコミュニケーションを図りながら、それらの問いに答え、その答えの中にさらに新たな問いを発見していく。そうすることで、表面的な理解を越え、国際人権法の基本的な考え方を自分の血肉にできるであろう。

　実際、私たち執筆者は、ここ数年にわたって、本書の草稿を用いてアクティブ・ラーニングの授業を行ってきた（2020年度はコロナ禍のためオンラインでも授業を実施した）。その授業で、多くの学生は、国際人権法の考え方のベースを築

けたのではないかと思われる。もちろん反省したところも多々あった。それを改善すべく草稿の改訂をかさね、ようやく完成したのが本書である。度重なる改訂が功を奏し、冒頭で述べた目的が達成できたかは、賢明な読者のご判断に委ねたい。

　最後に、本書の刊行にご協力を頂いた３名の方にふれておきたい。

　大阪産業大学の窪誠先生には多くのご示唆を頂いた。

　法律文化社編集部の舟木和久氏は、国際人権法の考え方のベースをわかりやすく読者に届けられるようにと、草稿を丁寧に読み込んで、かなり踏み込んだ意見も何度となく寄せてくださった。ときに私たちが横道にそれそうになるところを、氏が手綱を引いてうまく誘導してくださったからこそ本書を世に出すことができた。

　内藤将大氏には味わい深いイラストをご提供頂いた。

　以上の方々には、ここに記して感謝を申し上げたい。

　2021年3月

執筆者一同

1部　国際人権法の基礎

2部　国際人権法の個別分野

4章　ジェンダーは女性のことではありません！

5章　国籍と人種、その違いが分かりますか？

6章　不登校は何が問題？——子どもの権利条約

3部　国際人権法の実現方法

凡例（略語）

ILO100号条約：同一価値の労働についての男女労働者に対する同一報酬に関する条約

移住労働者権利条約：全ての移住労働者及びその家族の権利保護に関する条約

欧州人権条約：人権及び基本的自由の保護のための欧州条約

強制失踪条約：強制失踪からのすべての者の保護に関する国際条約

拷問等禁止条約：拷問及びその他の残虐な、非人道的な又は品位を傷つける取扱い又は刑罰に関する条約

子どもの権利条約：児童の権利に関する条約

子どもの権利条約選択議定書：児童の権利に関する条約の選択議定書

社会権規約（国際人権A規約）：経済的、社会的及び文化的権利に関する国際規約

社会権規約選択議定書：経済的、社会的及び文化的権利に関する国際規約の選択議定書

自由権規約（国際人権B規約）：市民的及び政治的権利に関する国際規約

自由権規約第1選択議定書：市民的及び政治的権利に関する国際規約の第1選択議定書

障害者権利条約：障害者の権利に関する条約

障害者権利条約選択議定書：障害者の権利に関する条約の選択議定書

女性差別撤廃条約：女性に対するあらゆる形態の差別の撤廃に関する条約

人種差別撤廃条約：あらゆる形態の人種差別の撤廃に関する国際条約

難民条約：難民の地位に関する条約

難民議定書：難民の地位に関する議定書

＊公定訳文などを引用する際には、特に逐一断らずに、「女子」を「女性」に変更するなど一部訳語を改めたほか、上記の凡例にある略語を用いるとともに、引用者の強調したい部分を太字ゴチックにした。

プロローグ

1　国際人権法とは何か？

Ａさん：Ｂさんは法学部生だよね。国際人権法の授業ってある？

Ｂさん：たぶんあると思う。

Ａさん：その授業を受けてる？

Ｂさん：受けてないよ。Ａさんは理学部生なのに関心あるの？

Ａさん：昨日、お店に入ろうとしたら拒否されちゃって……。ぼくが外国人に
　　　　見えるからかもしれないけど。

Ｂさん：ヒドイ！

Ａさん：うん。辛かったし悔しかった。昨日の件があったから国際人権法のこ
　　　　とを知りたいと思ったんだ。少し前だけど名前だけはどこかで聞いた
　　　　ことがあって。

Ｂさん：まずはネットで調べるか、図書館に行ってみたら？

Ａさん：そうしてみる！

　このやりとりにあるように、入店拒否されたＡさんは、辛く悔しい思いを
した。その経験から国際人権法に関心をもったという。では、国際人権法とは
何であろうか。

　ここに含まれた**人権**という言葉に着目すると、それは、どのような人も無条
件に有する権利を意味する。そして、**国際人権**は、狭義には条約と国際慣習法
（後述）で保障される人権を意味し、広義には国際的に問題とされる人権をい
うが、本書では狭義の意味で用いる。また、人権を国内レベルと国際レベルで
保障するための条約と国際慣習法の総称を**国際人権法**という。

国際人権法は、比較的に新しい法分野でありながらも、これまで多くの書籍や論文が刊行されてきた。1988年に発足した国際人権法学会も30年以上にわたり着実に発展してきた。では、そのような学術的な進展を見せてきた国際人権法には、どのような実践的な意義があるのだろうか。

2　国際人権法の意義

　歴史的にみれば、かつては人権は国内問題であった。しかし各国に人権保障を任せるだけでは人権は十全に保障されない。**主権をもっている国家**（BOX：P-1）は人権を保障すると同時に人権を侵害する存在でもあるからだ。

　ドイツは20世紀前半に２度の世界大戦を引き起こした。ナチスによるユダヤ人等への集団殺戮は、憲法をはじめとする国内法のみに頼った人権保障には大きな限界がある、と諸国に痛感させた。と同時に、第二次世界大戦は一国内の人権侵害が国際社会の平和を脅かすと諸国に強く認識させるには十分であった。

　このため、第二次世界大戦後、人権は真正面から国際的に問題とされるようになり、国際人権法は、**各国での人権保障を補完する意義**とともに、**国際社会の平和を担保する意義**をもつものとして誕生した。そして、戦後75年以上かけて国際人権法は質量ともに大きく発展してきた。

　そのプロセスで、国際人権法は、**各当事者の視点から社会のあり方を問い直し現状を変革する意義**（機能）をも果たした。たとえば、冒頭に登場したＡさんのことを考えてみよう。彼が入店拒否にあったのは外国人に見えたからだ。そのような違いだけでＡさんを排除する社会には明らかに問題があるのではないか。そうした社会の現状を問い直し、実際に変えさせる法的な手段として国際人権法は用いられる。要するに、国際人権法は、生身の人間が抱える困難を解消するために存在するのだ。

　本書は、入門書として、読者のみなさんが国際人権法の基本的な考え方を身につけながら、そうした国際人権法の意義を具体的に掘り下げて考える際の手引きとなることを目的としている。

> **BOX：P-1　主権をもっている国家（主権国家）**
>
> 　30年戦争を終わらせたウェストファリア条約（1648年）で、当時の諸国は互いに主権を承認した。それ以降、国際社会は、主権国家が並存してできている。**主権**とは、対内的には最高で、対外的には独立した権力をいう。近世の欧州に誕生した主権国家は、その後、長い年月をかけて世界に広まった。現在、主権国家の数は200近くに達している。第二次世界大戦後、とくに1960年以降、脱植民地化が急速に進んだ結果、今日では主権国家の大多数は**発展途上国**となった。この発展途上国の開発問題は国際人権法にとっても重要な論点となるのだが、残念ながら本書では割愛している。

3　条約とは？

　人種差別、女性差別、児童虐待などのさまざまな人権問題は、基本的にまずは国内において発生する。それらの問題が国内法の規制だけでは対応できず、国際関心事項として取り上げられると、問題解消に向けて**条約**（人種差別撤廃条約、女性差別撤廃条約、子どもの権利条約など）が結ばれることがある。

　条約とは**国家間の文書による合意**をいう。つまり、国家と国家の間で交わされた約束（国際約束）が条約である。条約を**批准**した国家（**締約国、当事国**）はその条約に拘束される。批准とは国家が条約に拘束されることについて同意を表明する手続をいう。

　国家間で合意された文書は「条約」のほかに「憲章」「規約」「議定書」などと称されることもあるが、これらをすべて総称する言葉として「条約」が用いられる。

　条約は二国間で結ばれるもの（**二国間条約**）もあれば、より多くの国の間で結ばれるもの（**多国間条約**）もある。人権を取り扱った条約（**人権条約**）は基本的には多国間条約のかたちをとり、第二次世界大戦後に急速に増えていった。

　その端緒として、第二次世界大戦後、人権保障は世界平和の基礎であると強く認識された結果、**国連憲章**（1945年）が国連の目的の1つに人権の尊重を掲げた。その人権の内容を具体化するため、国連において**世界人権宣言**が1948年に採択され、**社会権規約**と**自由権規約**が1966年に採択された。これらをすべてあわせて**国際人権章典**という。そのほかにも今日までに多くの人権条約が誕生

している。

　ところで、人権条約はたんに○○権、△△権、□□権、……と権利の名称を列記しているだけの文書ではなく、それらの権利の保障義務を国家に課している。しかも、人権条約は国家に人権保障義務を課したまま放置するのではなく、その義務の遵守を確実なものとするため、さまざまな国際制度を設けている。たとえば、国家が条約の遵守状況を**委員会**（条約体⇒1章）に定期的に報告し、委員会が国家の条約遵守を促すため総括所見を採択する、という**国家報告制度**がある（⇒12章）。また、個人が委員会に条約違反を通報し、委員会がその個人を救済するため見解を採択する、という**個人通報制度**もある（⇒13章）。

　なお、国家に人権保障義務を課す形式は条約に限られない。人権保障義務が**国際慣習法**（BOX：P-2）として認められることもある。また、形式的には法的拘束力をもたない国際文書（宣言など）の中で、人権が取り上げられることがあり、それが後に条約化や国際慣習法化されることもある。

> **BOX：P-2　国際慣習法**
> 　国際慣習法は、条約とともに国際法の法源をなす。条約は成文法であるが、国際習慣法は不文法である。国際慣習法の成立には、諸国家の**一般的な慣行**と、それを法として認める**法的信念**が必要となる。

4　本書の構成

　ここでは本書の見取り図（構成）をざっくりと示しておきたい。

　本書は、このプロローグと最後のエピローグを除くと、計13の章からなる。3部構成をとり、1部は1〜3章、2部は4〜10章、3部は11〜13章からなる。できれば、1章から順に読み進められることを推奨するが、関心のある章から（あるいは関心のある章のみ）読んでいただくこともできる。

　1部では、**国際人権法の基礎**を説明する。1章では、国際人権法の下で、だれが**権利**をもち、だれが**義務**を負うか、を考える。本書では権利の主体としては個人を中心に論じているが、一部、集団の権利も取り上げる。義務（責任）主体には国家や国際機関、企業、個人などがあるが、本書では国家を中心に取り上げる。

　2章と3章では、国際人権法の基本原則を取り上げる。基本原則はいくつもあるが、本書では2つのみ取り上げる。ひとつは**人権の不可分性**だ。**自由権規約**と**社会権規約**の2つがあるように、人権は自由権と社会権に区別されているが、両者は密接な関係にあり、実のところ分けることができない、ということを2章で説明する。

　もうひとつは**差別の禁止**である。3章では、さまざまな具体例を取り上げながら、事柄の本質について等しい者を等しく扱わなければ差別が発生する、という考え方を学ぶ。

　2部では、8つの**人権条約**を素材に国際人権法の個別分野を取り上げる。

　4章では、「ジェンダー」とは何かを確認したうえで、**女性差別撤廃条約**の下で女性差別はいかに禁止されているかを説明する。その際、2018年に明るみになった、医学部入試で女性を不利にさせる得点操作の問題などを取り上げる。

　5章では、**人種差別撤廃条約**が国籍の有無による差別を禁止せず、人種差別を禁止しているということを説明する。そして、それらの差別の異同を論じながら、京都朝鮮学校ヘイトスピーチ事件を読み解くことで、人種差別への理解を深める。

　6章では、子どもの不登校は問題行動ではないと述べつつ、**子どもの権利条約**が国家に求める、「保護の客体」から「権利の主体」への子ども観の転換を説明する。

　7章では、**障害者権利条約**にいう「障害」がどのような概念であるかを説明しながら、私たちがこの条約を用いるときに依拠すべき基本的な視点（障害の社会モデル）について述べる。

　8章では、**国際労働機関（ILO）100号条約**を中心に、雇用区分によって賃金が大きく異なるという問題を国際人権法がどのように考えているか、を説明す

る。

9章と10章は複数の条約を素材にしている。9章では、難民条約と拷問等禁止条約が、迫害のおそれがあって母国に帰れない人びとを保護するために、どのような義務を国家に課しているか、を考える。10章は、さまざまな理由で国境を越えてきた人びとの権利が難民条約と移住労働者権利条約の下でどのように保障されているか、を論じる。

なお、移住労働者権利条約を除き、第2部で取り上げる人権条約はすべて日本がすでに締結している。

3部では、これまでに取り上げた人権諸条約に基本的に共通する、国際人権法の実現方法を解説する。11章では国家間の合意である人権条約を日本の国内裁判所で用いることができるか、を考える。

12章では、人権条約に定める国家報告制度がどのように実際に運用されているかを解説する。また、この制度によって国内の人権状況が実際に改善されているかを論じる。

13章では、オーストラリアによって権利が侵害された日本人が個人通報を行ったことで世間の注目を集めたメルボルン事件を紹介しつつ、個人通報制度がどのように実際に活用されているかを解説する。

最後に本書の締めくくりとして、エピローグでは国際人権法の意義——特に当事者が社会のあり方を問い直し、実際に社会を変革する際の法的な手段となる機能——に立ち返る。また、この意義を踏まえて国際人権法のポテンシャル（可能性）をさらに引き出すための展望を描くことにする。

1部

国際人権法の基礎

 1章　権利と義務は誰のもの？

1　はじめに考えてみよう

〔国内的救済の失敗〕

自由権規約委員会
〔国際的救済の成功〕

　夜中にある青年が裏道を歩いていたら、2名の警察官に突然両腕をつかまれ、薬物所持の現行犯で逮捕された。逮捕時にあばれたため、警察官に手足を強く押さえつけられ、右手が骨折した。警察署に連行され取り調べを受けたが、薬物を持っていなかったため釈放され、起訴されなかった。

　青年は不当逮捕とその際の怪我について、警察に謝罪と補償を求める民事裁判を起こした。しかし、最高裁判所まで争ったが、青年の主張は認められなかった。日本の現状では、青年にこれ以上の救済は期待できない。しかし、次のチェルネフ事件では、国境を越えた救済が実現した。

　2007年6月、ウラジーミル・チェルネフ（17歳）は薬物不正取引を疑われ、ロシア国内で逮捕された。その際、数人の警察官からサンボの技で段打・足蹴りされ、数回意識を失い、顔・鼻に皮下出血等の傷害を負った。チェルネフは警察官による暴行事案を捜査するよう検察官に求めたが、4回にわたり拒絶され、この件は起訴されなかった。そこで彼は代理人を通じて、ロシア連邦共和

国（ロシア）は**自由権規約７条**（拷問等の禁止）および２条３項（締約国の効果的救済義務）に違反したという苦情申立て（個人通報⇒13章）を2013年に行った。これをうけて、締約国が条約を守っているかを監視する**条約体**（⇒プロローグ）である**自由権規約委員会**は、2019年に次のような「見解」（Box：1-1）を公表した。

> **Box：1-1　チェルネフ事件（2019年自由権規約委員会見解）**
> ロシアは、自由権規約７条および２条３項にもとづく通報者（チェルネフ）の権利を侵害した。……ロシアは、規約２条３項に従い、通報者に補償と金銭賠償を提供する義務がある。

> **Box：1-2　条約体、総括所見、見解、一般的意見・勧告**
> 条約体：人権条約の締約国に条約上の義務を守らせるため条約などが設置する委員会。自由権規約の場合、18名の独立した専門家からなる自由権規約委員会がこれにあたる。
> 総括所見：人権条約の締約国が義務的に提出する国家報告（⇒12章）を条約体が審査し、ときには勧告付で条約の国内実施状況を評価し、公表する文書。
> 見解：個人通報制度を運用している条約体が、個人通報に関し示す最終見解。
> 一般的意見・勧告：条約体が総括所見および見解で自らが示した条約解釈を総合し、条文ごとに示す意見または勧告。

　警察官から暴行されたロシア人青年はロシア国内で法的救済を得られなかった。しかし、ロシアは**自由権規約第一選択議定書**の締約国であるので、彼には自由権規約委員会に**個人通報**する途が残されていた。そして自由権規約委員会はBox：1-1のように、ロシアの規約違反を認定し、ロシアは青年に補償と金銭賠償する義務があるという見解を公表した。

　チェルネフはロシア国内では救済されなかったが、自由権規約委員会の見解によって、12年後に国際的な救済が得られた。チェルネフのように公務員（警察官）から人権侵害された者は、その国内で利用可能な行政救済制度と司法救済（裁判による救済）制度を利用して権利の回復を試み、これがうまくいかなかった（**国内的救済**を尽くした）とき、国境を越えた人権救済を求めることがで

きる（ただし、一定の要件を満たさなくてはならない⇒13章）。なお、日本は自由権
規約第一選択議定書の締約国でないため、日本で起きた事案についてこうした
個人通報はできない。

　国際的人権保障のしくみは、国内で受けた人権侵害について救済されなかっ
た者に、人権条約が規定する国際人権基準にもとづき、国境を越えた人権救済
の可能性を開いている。この場合、人権条約に入っている国家は、どのような
法的義務を誰に対して負っているのだろうか。人権条約に入っている国に住ん
でいる人びとは、人権条約に規定されている権利や自由を無条件で保障される
のだろうか。自由権規約と**社会権規約**の締約国は、同じような義務を負うのだ
ろうか。

> 【学習ポイント】
>
> 　もしあなたが日本でチェルネフのような体験をしたら、どうします
> か。法的な救済の面から考えてみよう。

2　権利の主体

　たとえば、自由権規約2条1項は、「この規約の各締約国は、その領域内に
あり、かつ、その管轄の下にある**すべて**の個人に対し、人種、皮膚の色、性、
言語、宗教、政治的意見その他の意見、国民的若しくは社会的出身、財産、出
生又は他の地位等によるいかなる差別もなしにこの規約において認められる権
利を尊重し及び確保することを約束する。」と規定する。しかし、この条文を
見ただけでは規約が想定する権利主体は見えてこないので、自由権規約委員会
による**一般的意見**を参照し、これらを読み解いてみよう。

2-1　個人

　一般的意見31（Box：1-3）パラグラフ10によれば、「すべての個人」とは、「締
約国の国民だけでなく、庇護希望者、難民、移住労働者等、その者の国籍やそ
の者が無国籍者であるかにかかわりなく、締約国の領域内にあり、かつ、その
管轄の下にあるすべての個人」である。「領域」とは、その国の領土・領海・
領空のことで、「管轄の下」とは、その国の立法・行政・司法権が及ぶという

意味である。つまり、自由権規約におけ
る権利主体は、その国に滞在し、その国
の法制度に従い生きている「すべての」
者で、その国の国籍をもっているかは関
係ない。チェルネフの事案でロシアの自
由権規約違反について個人通報したのは
ロシア国籍者だったが、日本国籍者でも
同様の通報は可能であった。なお、権利

```
┌─────────────────────┐
│ 自由権規約・社会権規約 │
│   人権保障規定        │
└─────────────────────┘
   国籍者      無国籍者

    難民      移住労働者
```

主体の考え方は社会権規約も自由権規約と基本的に同じである。

Box：1-3　自由権規約委員会一般的意見31（2004年）

4　　2条にもとづく義務は、すべての締約国を全体として拘束する。政府のすべ
ての部門（行政、立法および司法）、ならびに他の公的な当局は、全国、地域また
は地方のどのレベルのものでも、締約国の責任を負う立場にある。行政部門は、規
約違反の責任から逃れる手段として、行政部門以外の中央・地方政府の部門が規約
と一致しない行動をとったと指摘してはならない。

9　　規約が認める権利の受益者は個人である。1条（人民の自決権）の例外を除
き、規約は法人などの集団の権利については規定していない。しかし、規約が認め
る多くの権利、たとえば、思想や宗教の自由（18条）、結社の自由（22条）、あるい
は少数民族の権利（27条）は、他の共同体の構成員とともに享受できるものである。

10　　規約上の権利は、締約国の国民だけでなく、庇護希望者、難民、移住労働者
等、その者の国籍やその者が無国籍者であるかにかかわりなく、締約国の領域内に
あり、かつ、その管轄の下にあるすべての個人に享受されなければならない。

13　　2条は、国内法と規約の間に不一致がある場合には、規約の実体的な保障に
よって課されている基準に合致するよう、国内法または国内慣行が変更されること
を求めている。

2-2　人民の自決権（集団的権利）と集合的権利

　人権条約の権利主体は個人に限られない。

　自由権規約・社会権規約の共通1条1項は、「すべての人民は、自決の権利
を有する。この権利に基づき、すべての人民は、その政治的地位を自由に決定
し並びにその経済的、社会的及び文化的発展を自由に追求する。」と規定する。

自決権の主体は「人民」であり、「人民」とは所属国からの独立を求めた植民地の人びとである。自決権の主体は、旧植民地住民一人ひとりの集合体ではなく、「人民」という人の集団である。この意味で、人民の自決権は**集団的権利**である。

　これに対し、一般的意見31（Box：1-3）パラグラフ9は、思想や宗教の自由（18条）、結社の自由（22条）などは他の共同体の構成員とともに享受する権利であるという。たとえば宗教は一人では成り立たないし、労働組合や団体も複数人で結成するものである。したがって、同一の思想・宗教を信じる人びとと、団体の構成員も自由権規約上の権利主体である。ただし、これらの権利は他の共同体の構成員とともに享受できる個人の権利が束になったものであり、強いていえば**集合的権利**である。少数民族（以下、本書ではマイノリティとする場合もある）の権利（27条、Box：1-4）もこの集合的権利に属する。

> **Box：1-4　自由権規約27条**
> 　種族的、宗教的又は言語的少数民族が存在する国において、当該少数民族に属する者は、その集団の他の構成員とともに自己の文化を享有し、自己の宗教を信仰しかつ実践し又は自己の言語を使用する権利を否定されない。

　1997年に札幌地方裁判所は、ダム建設計画によってアイヌ民族の聖地とアイヌ文化が破壊されるとして争われた二風谷事件で、「アイヌ民族は、文化の独自性を保持した少数民族としてその文化を享有する権利を自由権規約27条で保障されているのであって、我が国は憲法98条2項の規定に照らしてこれを誠実に遵守する義務がある」と判示し、アイヌ民族の先住民族性を認めた（⇒ Box：12-4）。この判決が示すように、自由権規約27条（Box：1-4）は、少数民族に「その集団の他の構成員とともに」享有・信仰・実践・使用する集合的な権利を認めることを締約国に義務づけている。

3　義務の主体

　自由権規約委員会の一般的意見31のパラグラフ4（Box：1-3）によれば、

規約上の義務は締約国を全体として拘束する。政府のすべての部門（行政、立法および司法）、ならびに他の公的な当局は、全国、地域または地方のどのレベルのものでも、締約国の責任を負う立場にある。したがって、行政部門は、規約違反の責任から逃れる手段として、行政部門以外の中央・地方の部門が規約と一致しない行動をとったと指摘してはならない。

　どの国でも条約に入る際の交渉や手続は行政府が担当する。日本の場合は、事前に立法府である国会の承認を得てから、内閣が条約を締結する。このため、条約に縛られるのは行政府だけで、司法府（裁判所）や立法府（国会）は条約に縛られないと誤解されやすいが、自由権規約は締約国全体、すなわち、立法・行政・司法の統治機構全体を法的に縛る。

　また、締約国の公的機関で規約上の法的義務を負うのは、国の行政・立法・司法機関だけではない。都道府県・市区町村など自治体（地方政府）の行政と議会もこの義務を負っている。社会権規約に関しても、中央政府と地方政府のすべての部門が義務主体である。

　なお、社会権規約委員会の一般的意見24（2017年）は、同規約の締約国は企業の作為や不作為（一定の活動をしたことやしなかったこと）について直接責任を負うとし（パラグラフ11）、企業にも間接的に社会権規約を守る義務があることを指摘した。

3-1　司法府

　ところで、司法府にも自由権規約や社会権規約をはじめとする人権条約を締約国内で実施する義務がある。婚外子相続分に関する最高裁判所決定を契機に民法改正に至った経過を実例として、考えてみよう。

　「婚外子」とは、法律上の結婚（法律婚）をしていない母から生まれた子どものことである。2013年に民法が改正されるまで、婚外子の相続分は法律婚のもとでの子（婚内子）の2分の1とされていた（Box：1-7）。子は出生について何の責任もないのに、婚外子であるため法律上差別されるのは法の下の平等に反するとして、この民法規定の合憲性が多くの裁判で争われた。

> **Box：1-5　婚外子相続分規定違憲訴訟（2013年最高裁決定）**
> 　我が国の嫡出でない子（婚外子）に関する自由権規約および子どもの権利条約の履行状況等については、1993（平成5）年に自由権規約委員会が、包括的に嫡出でない子に関する差別的規定の削除を勧告し、その後、自由権規約委員会および子どもの権利委員会が、具体的に本件規定を含む国籍、戸籍および相続における差別的規定を問題にして、懸念の表明、法改正の勧告等を繰り返してきた（⇒ Box：1-6）。……2010（平成22）年に、子どもの権利委員会が、本件規定の存在を懸念する旨の見解を改めて示している。

　2013年9月4日、**最高裁判所**は、民法の規定のうち婚外子の相続分を婚内子の相続分の2分の1とする部分（⇒ Box：1-7）について、遅くとも2001（平成13）年7月当時において、法の下の平等を定める憲法14条1項に違反していたと判示した。

　最高裁判所は、改正で削除された取り消し線箇所（民法900条4号ただし書き前段）を**憲法違反**と判断した理由のひとつとして、自由権規約委員会の総括所見（Box：1-6）や子どもの権利委員会の総括所見が、婚外子の相続分に関する民法の差別的規定を批判し、法改正すべきであるとの勧告等を繰り返してきたことを指摘した（Box：1-5）。

> **Box：1-6　自由権規約委員会総括所見（2008年）**
> 28. 委員会は、婚外子が国籍の取得、相続権及び出生登録に関し差別されていることに懸念を再度表明する。締約国は、その法制度から、国籍法3条、民法900条4号及び出生届に「嫡出」であるか否かを記載しなければならないとする戸籍法49条1項1を含め、婚外子を差別する条項を除去すべきである。

　Box（1-6）（2008年）は、最高裁判所決定（Box：1-5）（2013年）でも言及された、「国籍、戸籍及び相続における差別的規定を問題にして、（繰り返された）懸念の表明、法改正の勧告等」の一部である。これらは、自由権規約委員会と子どもの権利委員会による総括所見の中で表明された「勧告」である。

　もちろん、憲法違反という判断に至った背景や理由はこれだけではない。①

第二次世界大戦後の社会の動向、②家族形態の多様化や国民意識の変化、③諸外国の立法のすう勢、④婚内子と婚外子の区別に関わる法制等の変化、⑤最高裁判所判例における度重なる問題の指摘等を総合的に考察した結果であった。

　総括所見の中で示される「勧告」は規約の締約国を法的に縛る力をもっていないので、最高裁判所には「勧告」に従う義務はない。しかし、自由権規約委員会の一般的意見31（Box：1-3）のパラグラフ４が示すように、司法府である最高裁判所も規約上の義務を負う立場にある。最高裁判所決定（Box：1-5）が自由権規約委員会などの最終所見に言及しただけで、最高裁判所は規約上の義務を果たしたとはいえないにせよ、違憲判断をする際の根拠の１つとして最終所見が参照されたと評価できる。

> **【学習ポイント】**
>
> 　Box：1-5の最高裁判所決定で民法の相続分規定は憲法違反と判断された。この違憲判断の背景や理由は上記の通りだが、下記 URL の最高裁判所の裁判例検索頁で決定の日付で検索し、自由権規約委員会の「勧告」がこの決定にどの程度影響したかを調べてみよう。https://www.courts.go.jp/app/hanrei_jp/search

3-2　立法府

　日本は2013年の最高裁判所決定（Box：1-5）を受けて、同年に民法を改正して婚外子と婚内子の相続分を同等とした（Box：1-7）。

Box：1-7　民法900条改正前後
（改正前）取り消し線箇所　あり
（改正後）取り消し線箇所　なし

同順位の相続人が数人あるときは，その相続分は，次の各号の定めるところによる。
四　子，直系尊属又は兄弟姉妹が数人あるときは，各自の相続分は，相等しいものとする。ただし，~~嫡出でない子の相続分は，嫡出である子の相続分の二分の一とし，~~父母の一方のみを同じくする兄弟姉妹の相続分は，父母の双方を同じくする兄

弟姉妹の相続分の二分の一とする。

〈民法900条〉

改正前
婚外子　婚内子

改正後
婚外子　婚内子

相続半分

相続平等

一般的意見31（Box：1-3）パラグラフ13によれば、自由権規約2条は、国内法と規約の間に不一致がある場合には、規約の実体的な保障によって課されている基準に合致するよう、国内法または国内慣行が変更されることを求めている。婚外子への相続分差別をなくすための民法改正によって、日本は遅ればせながら、上記パラグラフ13の趣旨を踏まえ、規約の実体的な保障によって課されている基準に合致するよう、国内法を変更した。しかし、自由権規約委員会の総括所見（Box：1-6）は2008年公表で、2013年の民法改正まで5年が経過している。

　最高裁判所決定をうけて、国会は民法900条を改正し、憲法違反が解消された。この改正によって、国家が人権侵害を行うことになる法律を国会が制定しない状況がようやく実現した。

　婚外子に対する相続分差別に関する最高裁判所決定とその後の民法改正は、自由権規約をはじめとする人権条約を実施する義務は行政府とともに、司法府と立法府も担っていることを物語っている。また、人権条約は国際的な場面で適用されるだけでなく、締約国の国内でも適用される（⇒11章）ことも示している。

【学習ポイント】
　　婚外子への相続分差別はもう少し早めに解消できなかったのだろうか。人権条約や条約体による勧告を受け止め、その実現を検討する国会の役割について議論してみよう。

3-3　自治体

　ところで、行政府というと内閣と中央省庁だけをイメージしがちであるが、**一般的意見31**（Box：1-3）パラグラフ4によれば、公的な当局は、全国、地域または地方のどのレベルでも、締約国としての責任を負う立場にある。したがって、日本の場合、内閣等だけでなく自治体も法的責任を負っている。

　ところで、**小樽入浴拒否事件**では自治体の人権条約上の義務も問題とされた。この事件は、1999年に外国人であることを理由にスーパー銭湯への入店を拒否された外国籍者3名が、入浴施設と小樽市に計600万円の損害賠償と謝罪広告を求めた裁判で、札幌地方裁判所は「外国人の入浴を拒否するのは人種差別に当たり、社会的な許容範囲を超えている不法行為である」として、銭湯に300万円の賠償支払いを命じた（⇒ Box：11-6）。しかし、小樽市については、「入浴拒否を中止させる施策を実行しており、違法とすべき不作為は認められない」として、市の責任は認めなかった。

　なお、小樽市の責任に関する原告の主張と判決の趣旨は、Box：1-8の通りである。

Box：1-8　小樽入浴拒否事件（2002年札幌地裁判決）
〔原告の主張〕：自治体である被告小樽市が，人種差別撤廃条例を制定せず，外国人一律入浴拒否を禁止するその他の有効な手段をとらなかったのは人種差別撤廃条約上の義務に違反する。
〔判決〕：人種差別撤廃条約2条1項（d）は，「各締結国は，すべての適当な方法（状況により必要とされるときは，立法を含む。）により，いかなる個人，集団又は団体による人種差別も禁止し，終了させる。」と定めているが，この規定により，地方公共団体である被告小樽市が，公権力の一翼を担う機関として，国と同様に，人種差別を禁止し終了させる義務を負うとしても，それは政治的責務にとどまり，個々の市民との間で，条例を制定することによって具体的な人種差別を禁止し終了させることが一義的に明確に義務づけられるものではない。

　小樽入浴拒否事件の判決では、地方公共団体は国と同様に、人種差別を禁止し終了させる義務を負うが、それは法的義務ではなく政治的責務にとどまると判断された。したがって、小樽市は人種差別撤廃条約とまったく無関係ではな

く、同条約にいう「人種差別を禁止し終了させる」政治的責務を負うものとされた。この判決は、人権条約が自治体の活動と深く関わることを示している。

2章 なぜ自由権と社会権は分けられないの?

1 はじめに考えてみよう

　1章では、自由権規約と社会権規約という2つの条約に言及した。その名のとおり、自由権規約は自由権と呼ばれる諸権利を対象とし、社会権規約は社会権と呼ばれる諸権利を対象としている。

　自由権（規約）に含まれる権利として、たとえば表現の自由（についての権利）がある。「○○の表現をしてはダメ」といった規制を設けないこと等を国家に請求するのが表現の自由である。また、恣意的に逮捕しないこと等を求める身体の自由や、私生活上の事柄を公開しないこと等を求めるプライバシーの自由などもある。

　社会権（規約）に含まれる権利の例としては、初等教育を無償で受ける権利や、適切な食料や住居を享受する権利が挙げられる。また、社会保障を受ける権利や、公正かつ良好な労働条件を享受する権利などもある。

　このように自由権や社会権にはさまざまな権利が含まれるが、国際人権法では両者は「不可分」であるといわれている。「不可分」とは「密接な関係を持っていて、分けることができない」（『広辞苑』）という意味だ。

　では、自由権と社会権が不可分であるという考え方（人権不可分論）は、どのようなことを意味しており、どのような意義があるか。本章ではこの問いを考

社会権規約の諸権利	自由権規約の諸権利
教育についての権利 労働についての権利 社会保障についての権利 食料についての権利 居住についての権利	思想の自由 表現の自由 身体の自由 拷問からの自由 プライバシーの自由

える。

2　人権二分論

2-1　権利の性質

　1948年に国連で世界人権宣言が採択された。この**宣言**は、自由権と社会権の両方を含んだ、法的拘束力のない文書である。この宣言とともに作成が目指されたのが、法的拘束力のある国際人権規約だ。

　もっとも、単一の国際人権規約は作られなかった。第二次世界大戦後の東西冷戦初期にあって社会主義諸国や発展途上国は単一の規約を求めたのだが、結局、西欧諸国の主張が大きく反映された結果、2つの規約が成立した。

　ひとつではなく2つの規約が誕生したのは、このような国際政治的要因によるものだが、それを理論的に支える理由としては**権利の性質**が挙げられた。すなわち、自由権は国家に対して不作為（「〜しない」）を求める権利（**不作為請求権**）であり、「**国家からの自由**」という性質をもつ。国家は自由権を制限・妨害しないように消極的な（「みずから働きかけない」）義務を負う。

　これに対して、社会権は国家に対して作為（「〜する」）を求める権利（**作為請求権**）であり、「**国家による自由**」という性質をもつ。国家は社会権の実現のために積極的な（「みずから働きかける」）義務を負う。社会権が登場した歴史的背景には**自由国家**から**社会国家**への国家観の転換がある（BOX：2-1）。

BOX：2-1　自由国家と社会国家

　近代に誕生した自由権は、国家は個人の自由な経済活動・市民生活に介入すべきではないという**自由国家**（消極国家）の下で19世紀に発展した。しかし、資本主義が急速に進み、貧富の格差が拡大するようになると、日々の生活もままならない経済的・社会的に弱い立場に置かれた人びとにとって、そうした「国家からの自由」は意味をもたなかった。そこで「国家による自由」が求められた。すなわち、国家が個人の経済活動・市民生活に介入し、私的自治の原則（私法上の法律関係は個人の自由意思にまかせる）を修正し、弱い立場の人びとの自由を実質的に確保しようとするのが、20世紀に登場した**社会国家**（積極国家）である。

2-2　義務の規定

　このような権利の性質の違いは、実際上も両規約に定める**義務の規定**に反映されている。

　社会権規約は、国家は社会権の「**完全な実現を漸進的に達成する**」ことに向けて行動をとる義務を負う、という規定を設けている（２条１項）。「漸進的に達成する」という文言は「徐々に達成する」という意味だ（**漸進的義務**）。このような規定ぶりになったのは、社会権規約は積極的義務を課すだけに、国家は批准後に社会権の完全な実現を（お金と時間をかけ制度を整えながら国内立法プロセスを経て）徐々に達成するほかない、と理解されたからである。

　これに対して、自由権規約では「漸進的」という文言は用いられなかった。国家が「**権利を尊重し及び確保する**」義務を負う、という規定になっている（２条１項）。自由権規約を批准した国は、批准後直ちに規約上の権利を尊いものとして重んじ、それを侵さず、その実現を確実なものとしなければならないということだ。国家が拷問や言論弾圧をしていたら、すぐにそれを止めなさいと命じるのが自由権規約である。国家が個人の自由を制限（妨害）さえしなければ、自由権規約の中身はすぐに実現できるし、もし制限した場合であってもその制限をただ止めればよい。このような意味で、自由権規約が国家に課す消極的義務は即時に適用でき、実現できるとされるのだ（**即時的義務**）。

2-3　裁判規範性

　さて、権利の性質の違いに応じて、理論的には国際人権法の国内実現過程において権限を行使する**国家機関**も異なる。

　社会権は、繰り返しになるが、国家の作為がなければ実現できず、その作為の具体的内容（誰に対し、どのような給付を、どの程度の期間、いかに提供すべきか）はさまざまで一義的に決まっているわけではないため、国民の代表機関たる**国会（立法権）**が裁量でそれを具体化・明確化する法律をつくり、お金と時間をかけて徐々に実現していくことになる。

　これに対して、自由権は国家に不作為を求めるものである。「表現を妨害するな」とか「拷問をするな」など、不作為の内容は比較的に具体的で明確である。よって、自由権は、個人が裁判所で救済を求められるほどに具体的な内容

をもった権利（**具体的権利**）として、**裁判規範性**が直ちに認められる。裁判規範とは、裁判の規準となるルールのことである。国家が個人の自由権を制限した場合には、その制限をやめさせるべく裁判所に訴えればよい。**裁判所（司法権）**がその制限を違法と判断すれば、自由権の制限は是正される。

　また、裁判制度と似た国際的制度として、条約上の権利を侵害された個人や集団が条約体に直接通報することができる**個人通報制度**がある（⇒13章）。個人通報制度は自由権規約には設けられたが、社会権規約には付されなかった。社会権は個人通報制度になじまない、とされた時期は長く続いた。

2-4　社会権規約の軽視

　以上で述べたように、自由権（規約）と社会権（規約）は、権利の性質（2-1）、義務の規定（2-2）、裁判規範性の有無（2-3）において異なる。これらの点を純粋にあるいは単純に徹底させた考え方が**人権二分論**である。その内容は次の①と②からなる。

　①表現の自由や身体の自由など、自由権規約に定める諸権利（自由権と呼ばれている諸権利）は、国家に即時的義務のみを課し、裁判規範性を有する。これに対して、教育についての権利や居住についての権利など、社会権規約に定める諸権利（社会権と呼ばれている諸権利）は、国家に漸進的義務のみを課し、裁判規範性をもたず、限られた財源の中で、国会（政治）の責任で議論を重ね——その内容を具体化・明確化する立法によって——徐々に実現される。

　②自由権規約に定める諸権利と社会権規約に定める諸権利は互いに関係せず、一方の規約の内容は単独で実現できる。たとえ社会権規約の内容をまったく実施していなくとも自由権規約の内容は完全に実現できる（その逆も然り）、ということである。

　このような①と②の意味をもつ人権二分論は、たしかに単純であるだけに分かりやすいが、社会権規約を徐々にしか実現できないもの、裁判規範性を一切持たないものなどと理解する点で、かなり問題含みの偏った考え方であった。また、この人権二分論は、ときに社会権の権利性を否定するかのような主張を伴ったりもするなど、社会権（規約）への軽視ないし誤解をもたらすものであった。

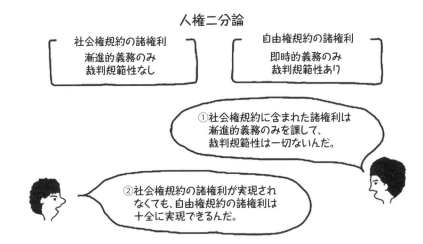

3　人権不可分論

3-1　社会権規約の復権

　社会権規約（に定める諸権利）が軽視されたり誤解されたりしたという問題状況を踏まえ、とくに東西冷戦が終わった後の1990年代から、その復権に向けて人権二分論の問題を克服する試みが活性化した。その代表的な考え方が**人権不可分論**である。その内容を簡潔に述べておきたい。

　まず、議論の前提として、そもそも国際人権法では、自由権規約と社会権規約という２つの条約があり、子どもの権利条約や障害者権利条約などのように社会権（経済的・社会的・文化的権利）のカテゴリーに明示的に言及している条約もある。その意味において国際人権法は自由権と社会権という区別を認めている。その上で、人権不可分論は次の❶と❷を含んだ概念であると理解してよい。

　❶第１に、社会権規約に含まれた諸権利は、その名のとおり**社会権的側面**（作為請求権・漸進的義務・裁判規範性なし）を有するが、実のところ、それのみならず**自由権的側面**（不作為請求権・即時的義務・裁判規範性あり）をも有する。また、自由権規約に含まれた諸権利にも自由権的側面と社会権的側面がある。

このような意味で、自由権と社会権は不可分の性格をもつ。

　たとえば、**居住についての権利**（社会権規約11条）には、国家に住環境の整備を求める側面（社会権的側面）もあれば、ゆえなく住居の立ち退きを強制しないよう国家に求める側面（自由権的側面）もある。**教育についての権利**（同13条）には、国家に教育制度の整備を求める側面（社会権的側面）もあれば、国家の教育への不当な介入を排除することを求める側面（自由権的側面）もある。

　また、**表現の自由**（自由権規約19条）には、国家に対し、表現行為を妨害しないように求める側面（自由権的側面）もあれば、情報の提供を求める側面（社会権的側面）もある。**プライバシーの自由**（同17条）は、国家に対し、私生活に干渉しないよう求める側面（自由権的側面）もあれば、自身の個人情報の閲覧や訂正を求める側面（社会権的側面）もある。

　このように、どちらの規約に関しても、**あるひとつの権利**（表現の自由、居住についての権利など）**は基本的に2つの側面**（自由権的側面と社会権的側面）**を有する**。そして、社会権規約の復権という観点からいえば、たとえ同規約に含まれた諸権利であっても裁判規範性を有する、ということが重要となる。それらの諸権利の内容が明確・具体的であれば、それに対する制限をやめるよう個人は裁判所に救済を求めることができる、ということだ。

　❷第2に、自由権規約の内容を完全に実現するためには、社会権規約の内容を実現することが必要である。つまり、**社会権規約の実現が自由権規約の十全な実現の前提となっている**（その逆も然り）。この意味で、自由権と社会権は不可分の性格をもつ。

　たとえば、**テヘラン宣言**（1968年）は、社会権の享受なしには自由権を完全に実現することは不可能であるといっている。人間らしい生活が営めなければ、そもそも表現の自由は意味をなさないということだ。たとえ表現の自由が保障されていても、ごはんが食べられなければ表現する気力さえわかず、餓死したら表現の自由に何の意味もない。生きているからこそ、生活ができているからこそ表現はできるし、表現の自由が保障される実質的な意味も出てくるのである。このため、社会権規約を実施しなくとも自由権規約の中身は十分実現できる、という人権二分論の主張は否定される。

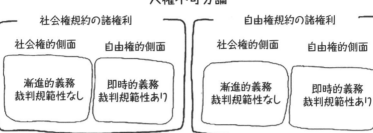

人権不可分論

社会権規約の諸権利

社会権的側面

漸進的義務
裁判規範性なし

自由権的側面

即時的義務
裁判規範性あり

自由権規約の諸権利

社会権的側面

漸進的義務
裁判規範性なし

自由権的側面

即時的義務
裁判規範性あり

❶社会権規約に含まれた諸権利にも、
即時的義務の要素があって、
裁判規範性の要素もあるんだ

❷社会権規約の諸権利が実現されな
ければ、自由権規約の諸権利も
十全に実現できないんだ。

※人権不可分論の❶❷を人権二分論の①②と見比べてみよう。

【学習ポイント】
　　自由権規約に含まれている個別の権利（表現の自由など）をひとつ挙げ
て、その社会権的側面にはどのようなものがあるかを考えてみよう。

　以上で述べたことを整理し、冒頭の問いに答えておこう。人権不可分論と
は、❶自由権規約と社会権規約に含まれる個々の権利（表現の自由、居住につ
いての権利など）は、基本的に自由権的側面と社会権的側面の両側面を有し、❷
一方の規約の完全な実現のためには他方の規約の実現も必要となるという意味
において、自由権と社会権は不可分であるとする考え方である。今日、この人
権の不可分性は、差別の禁止（⇒3章）とともに国際人権法全体を支える基礎
をなしている。
　そして、人権不可分論は、社会権規約に含まれる諸権利にも即時的義務や裁

判規範性の要素があるということを説明するとともに、自由権規約を偏重する国や論者に対して（自由権規約実現の前提としての）社会権規約の重要性を認識させる根拠を示すことにより、社会権規約の復権を強く推し進める意義を果たしてきた。

　ちなみに、社会権規約の復権と関連して注目しうる新たな実践として、同規約に関して個人通報制度を認める選択議定書が2008年に採択されたことが挙げられる（2013年発効）。個人通報制度を定める自由権規約（第1）選択議定書が採択された1966年からは、すでに40年以上が経過していた。

3-2　日本の裁判所

　ここでは、社会権規約をめぐる日本の裁判所の判断を見ておく。まず確認すべきは塩見訴訟である。

　塩見さんは、1934年に大阪で生まれた。在留外国人（韓国籍）の女性だ。2歳の時にハシカにかかり失明した。36歳で日本国籍を取得。38歳の時に障害福祉年金（当時）の受給を大阪府知事に請求した。だが、失明認定時に日本国籍を有していなかったことを理由に、その請求は却下された。

　塩見さんは、国籍を理由に年金を受給できないことは憲法に違反するとして、却下処分の取り消しを求め、訴訟を提起した。最高裁まで争ったが、塩見さんは敗訴した。最高裁は、「限られた財源で福祉的給付を行うにあたり、自国民を優先的に扱うことも許されるべきで」あり、在留外国人を年金の支給対象者から除くことには合理性があるので、塩見さんに年金を支給しないことは憲法に違反しない、と判断したのである。

　本章の主題との関連で注目したいのは、塩見訴訟で最高裁が社会権規約にも触れていたことである。だが、最高裁は、社会権規約は漸進的義務に服する、と判断するにとどまった（BOX：2-2）。その後もしばらくの間は、人権不可分論の視点は日本の裁判所において明確に見られなかった。

　だが、2005年に新たな展開が生まれた。**在日コリアン年金差別訴訟**で大阪地方裁判所が社会権規約の「自由権的側面」は裁判規範性を有すると説示したのだ。ここでいう「自由権的側面」とは、社会権規約の規定を具体的に立法化した国内法規定において差別があってはならない、ということを意味する（BOX：

2-3）。本件の控訴審（大阪高等裁判所）もそれを肯定した。これらの判決は、人権不可分論にかかわる実践として注目される。

BOX：2-2　塩見訴訟（1989年最高裁判決）

（社会権規約9条は）締約国において、社会保障についての権利が国の社会政策により保護されるに値するものであることを確認し、右権利の実現に向けて積極的に社会保障政策を推進すべき政治的責任を負うことを宣明したものであって、個人に対し即時に具体的権利を付与すべきことを定めたものではない。このことは、同規約2条1が締約国において「立法措置その他のすべての適当な方法によりこの規約において認められる権利の完全な実現を漸進的に達成する」ことを求めていることからも明らかである。

BOX：2-3　在日コリアン年金差別訴訟（2005年大阪地裁判決）

A規約2条、9条についても、留保なしに批准されているところ、社会保障を受ける権利自体は国の漸進的達成義務によるものであるから直ちに具体的な権利として認めることはできないが、すでに立法された場合には、社会保障を受ける権利において差別を禁止する同規約2条2項は、自由権規約26条（差別禁止規定——引用者補注）と同趣旨にあるものとして、**裁判規範性**を認めることができると解すべきである。

本件は、原告らが、A規約9条の規定を具体的に立法化したものである旧法において定められた国籍条項が、内外人平等原則に違反して違法である旨主張して国家賠償を求めている事案であり、いわば国家から差別的待遇を受けないことを求める、**A規約の自由権的側面**に関わる問題である。このような自由権的側面に関する事項については、A規約の規定であっても、その性質上、自動執行力ないし裁判規範性を有するものと解すべきである。

3-3　尊重、保護、充足の義務

さて、自由権規約と社会権規約に含まれる個々の権利には自由権的側面と社会権的側面の両方が含まれるとする人権不可分論は、**国家と個人の間の次元**における人権問題を想定するものであった。こうした人権不可分論を踏まえた上で、さらに**私人と私人の間（私人間）の次元**での人権問題も考慮に入れた考え方が、今日の国際人権法で支持を集めている。その考え方とは、いかなる人権

も尊重、保護、充足という３つの義務を国家に課している、というものである。

　尊重の義務は、国家が自ら人権を侵害しないという消極的義務（自由権的側面）を意味する。**保護**の義務は、国家が私人による人権侵害を防止し、救済するという積極的義務（私人間での人権確保）を意味する。**充足**の義務は、国家が権利の実現のための法制度などの条件・環境を整備するという積極的義務（社会権的側面）を意味する。

　社会権規約11条に定める**居住についての権利**を例に考えてみよう。国家は住んでいる人を強制的に立ち退かせてはならないという消極的義務を負っている（**尊重**）。また、国家は人びとが私人から住居をゆえなく強制的に立ち退かせられることがないようにし、もし立ち退かせられた者がいれば、その者を救済する、という積極的義務も負っている（**保護**）。加えて、国家は適切な住居を万人に保障できるように住環境を整備する積極的義務を負っている（**充足**）。

　居住についての権利を含め、社会権規約に定める諸権利に関しては、人権二分論では社会権的側面（すなわち充足の義務）のみが強調されるが、人権不可分論では自由権的側面（すなわち尊重の義務）も同様に重視されることになる。加えて、私人間の次元での人権の確保に焦点を合わせるのが保護の義務である。

　なお、充足の義務は、さらに「促進」と「提供」の義務の２つに分けられる

左側は、人権二分論から見た居住についての権利だね。右側は、尊重・保護・充足の義務から見たときだ。

居住についての権利

社会権的側面（充足の義務）のみ

居住についての権利

自由権的側面（尊重の義務）
私人間での人権の確保（保護の義務）
社会権的側面（充足の義務）

ことがある。これに関しては、**適切な食料についての権利**に関する一般的意見
を抜粋したので、一読されたい（BOX：2-4）。

BOX：2-4　社会権規約委員会一般的意見12（1999年）

　適切な食料についての権利は、他のどの人権もそうであるように、締約国に対
し、**尊重の義務、保護の義務、充足の義務**という3つの種類またはレベルの義務を
課す。充足の義務には促進の義務と提供の義務の両方が含まれる。……適切な食料
を入手する機会を**尊重**する義務は、その機会を妨げる措置をとらないよう国家に求
める。**保護**の義務は、個人が適切な食料を入手する機会が、企業または個人によっ
て奪われないように確保する措置をとるよう国家に求める。**充足（促進）**の義務は、
国家が人びとが食の安全をはじめ日々の暮らしを確実なものとするため資源と手段
を利用し活用する機会を高めるべく前もって関与しなければならない、ということ
を意味する。最後に、個人または集団が自身のコントロールが及ばない理由により、
その自由に使える手段では適切な食料についての権利を享受できない場合は、国家
はこの権利を直接に**充足（提供）**する義務を負う。この義務は自然災害その他の災
害の被害者にも適用される。

【学習ポイント】

　　人びとにはキレイな水を飲む権利がある。この権利が国家に課してい
　る義務の内容を、尊重、保護、充足の観点から具体的に述べてみよう。

3章 まったく同じように扱っても差別?

1 はじめに考えてみよう

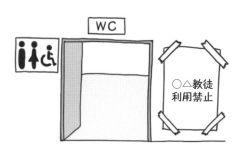

Aさんはある会社で働いている26歳の女性だ。○△教徒である。

会社の事業主は、○△教徒に対して偏った見方(偏見)をもち、嫌悪していた。ある日の朝、事業主は嫌がらせのため新たなルールを作った。○△教徒は社内のトイレを利用してはならないというルールだ。

そのルールが出来たせいで、Aさんは○△教徒であることだけを理由に、他の従業員と同じようにトイレを使うことができなくなった。結果的に、彼女は他の従業員と同じ条件で働く機会を奪われてしまった。

このようにAさんは他の従業員と比較して大きな不利益を受けている。読者のみなさんは、この(理不尽な)ルールは明らかに宗教による差別にあたると思ったのではないだろうか。

たしかに国際人権法の世界においてもそのような結論になる。ただ、国際人権法では、たとえ全員がまったく同じように扱われたとしても、ときに差別が生じることがある。では、国際人権法では差別はどのように考えられているのだろうか。

2　2つのタイプの差別

　国際人権法は、**事柄の本質**について等しい者を等しく扱え、という原則を採用している。そして、①**事柄の本質以外**（非本質部分）を考慮に入れることで、あるいは②**事柄の本質以外**を考慮に入れずに、③**事柄の本質**について等しい者を等しく扱わなければ、差別が発生する。

　身近な例を挙げると、バス運賃の支払いは、バスの乗車（事柄）の本質をなす。よって、バスの運転者は運賃を等しく払った者をバスに等しく乗車させなければならない。運転者が、性別を理由に（つまり、事柄の非本質部分をなす性別を考慮に入れることで）、運賃を等しく払った女性をバスに等しく乗車させなければ、差別が生じる（①→③）。この差別を、考慮すべきでないこと（性別）を考慮に入れることにより生じる差別という意味で、**他事考慮による差別**と呼ぶ。

　また、運転者が、車いす利用者を乗車時に支援しないことで（つまり、事柄の非本質部分をなす、車いすでの乗車方法を考慮しないで）、運賃を等しく払った車いす利用者を等しく乗車させなければ、差別が生じる（②→③）。この差別を、考慮すべきこと（車いすでの乗車方法）を考慮に入れないことにより生じる差別という意味で、**考慮不尽による差別**という。

2-1　他事考慮による差別（①→③）

　ここでは、事柄の非本質部分（人種、性別、ジェンダー）を考慮に入れることにより、事柄の本質部分について等しい者を等しく扱わない、という差別が発生する例をいくつか見てみたい。

　まずは、ある特定の人種をひどく嫌っている雑貨店の店主のケースである。店主がその人種であるＢさんに対してだけ入店を拒否すれば、**人種差別**が生じる（⇒5章）。人種という特徴は、雑貨店での入店や購入にとって関連的重要性がなく非本質部分をなすからである。店主が嫌悪や敵意によって、非本質部分（人種）を考慮に入れて、Ｂさんを他の人と異なって扱えば（すなわち人種を理由に入店拒否という不利益取扱いをすれば）人種差別が生じうるのだ。

　また、介護施設の事業主が、男性は女性よりもコミュニケーション力や共感

力を欠いているとの偏見やステレオタイプ（固定観念）をもっていたとする。そのため、その事業主が、2人の採用枠で、男性のCさんを介護施設職員として採用せず、Cさんと同じ成績の女性1名およびCさんより成績がかなり低い女性1名を採用したら、**性差別（男性差別）**が生じうる。性別は介護施設の職務の非本質部分をなすが、にもかかわらず、事業主は男性への偏見やステレオタイプにとらわれていたため、性別を考慮に入れて男性のCさんを――同じ成績の女性と異なって扱って――採用せず、より低い成績の女性を採用しているので、差別が発生しうるのである。

　最後の例として、ある会社で、生物学的には男性であるが、性自認は女性であるDさん（トランスジェンダー）が働いていたとする。その会社が、Dさんが「男らしく」振舞わないことに強い不満をもっていて解雇したとする。この場合、Dさんは生物学的に男性だから解雇（差別）されたわけではない。そうではなく、男性は「男らしく」振舞うべきとの偏見や先入観により、あるいは男性なのに「男らしく」振舞わないことへの嫌悪感により、Dさんは解雇（差別）されたのだ。このような「男らしさ」を理由とする差別は**ジェンダー差別**といわれる（⇒4章）。「男らしさ」は職務の非本質部分である（「男らしさ」は職務にとって関連的な重要性はない）が、にもかかわらず、「男らしさ」が考慮に入れられ、Dさんが「男らしさ」の欠如によって異なって扱われたから差別が生じうるのである。

　以上で挙げた3つの例は、差別が発生する原因・背景には人びとの嫌悪や敵意、偏見、ステレオタイプ等がある、ということを示唆している。そのような嫌悪や偏見等に依拠して、考慮すべきでない非本質部分をあえて考慮に入れることにより、本質部分について等しい者を異なって扱うことは、禁止される差別となる。

　もしも、Aさんが○△教でなければ、Bさんが異なる人種であれば、Cさんが男性でなければ、Dさんに「男らしさ」があったら、差別は発生していなかった。だが、もちろん問題の所在は、Aさんの宗教、Bさんの人種、Cさんの性別、Dさんの「男らしさ」の欠如、にあるわけではない。むしろ問題の所在は、嫌悪や偏見等をもっている者が、事柄の非本質部分（宗教、人種、性別、ジェンダーなど）を理由として人びとを不利に（異なって）扱うことにある。そ

のため、肌の色の違いや性別の違いを考慮に入れずに、事柄の本質部分で等しい者を等しく扱うことが求められるのである。

2-2　考慮不尽による差別（②→③）

ここでは、**事柄の非本質部分を考慮**（調整）**し**ないことにより、事柄の本質において等しい者を等しく扱わない、という差別が生じる例として、ある宗教の信者であるEさんを取り上げよう。

Eさんの宗教では格闘技が禁止されていた。よって、彼は、高等専門学校において必修科目とされていた剣道の実技に参加できなかった。そこで彼は、剣道の実技の代わりにレポートの課題提出を校長に申し出た。

ところが、校長はEさんの事情を考慮に入れず、剣道の実技を命じた。その結果、彼は必修科目の単位を落とすことになり、留年せざるをえなかった。翌年も申出は認められず、結局、彼は2度留年し、それを理由に退学処分を受けてしまった。

だが、そもそも剣道実技の習得は、その高等専門学校の教育目標に照らして関連的重要性がなく**本質部分**にあたらないものであった。また、Eさんは、教育目標の達成のために必要な単位を（優秀な成績で）取得していた（**事柄の本質部分**）。とすれば、Eさんは他の学生と同様に卒業資格を当然有するはずだ。

ただ、Eさんが、教育目標の達成に必要な単位を同じく取得した他の学生と同じように卒業資格を得るためには、学校側が教育目標に照らして本質的ではない部分（剣道の実技とそれができない宗教的理由）を考慮に入れて、Eさんを他の学生と異なって取り扱うこと（Eさんにだけ剣道実技を免除し、代わりにレポートの課題提出を認めることなど）が必要となる。もしも学校側がEさんを異なって扱わなければ、彼に対する差別が生じる。

3　スリメノス事件

3-1　2つのタイプの差別

　考慮不尽による差別の概念が、国際人権法の世界で初めて明確に打ち出されたのは、スリ（ム）メノス事件である。事件のあらましは後に述べるが、本件では差別の禁止を定める欧州人権条約14条（BOX：3-1）の違反が問題となった。

> **BOX：3-1　欧州人権条約14条**
>
> 　この条約に定める権利および自由の享受は、性、人種、皮膚の色、言語、宗教、政治的意見その他の意見、国民的もしくは社会的出身、少数民族への所属、財産、出生または他の地位等によるいかなる差別もなしに保障される。

　この事件で、欧州人権裁判所は、BOX：3-2のように説示した。

> **BOX：3-2　スリメノス事件判決（2000年欧州人権裁判所判決）**
>
> 　これまでのところ、欧州人権裁判所は、欧州人権条約により保障される諸権利の享有に当たり差別されない、という14条に定める権利は、国家が類似した状況にある人々を合理的かつ客観的な正当化なしに異なって取り扱う場合には侵害される、と考えてきた。……しかしながら、このことは14条における差別禁止の唯一の面ではない、と当裁判所は判断する。この条約が保障する諸権利の享有に当たって差別されない権利は、国家が、**著しく異なった状況にある人々を合理的かつ客観的な正当化なしに異なって取り扱わない場合**にも侵害される。

　この説示は2つの部分に分けられる。ひとつは、合理的かつ客観的な正当化なしに、等しい者を異なって扱う場合には差別が発生する、という従来の形態の差別である。これは、上記2-1で述べたように、考慮すべきでないこと（事柄の非本質部分）を考慮することにより、**事柄の本質**について**等しい者を異なって取り扱う**、という他事考慮による差別を意味する。

　もうひとつは、合理的かつ客観的な正当化なしに、異なる者を異なって扱わ

ない場合には差別が発生する、という新しい形態の差別である。これは、上記2-2で述べたように、考慮すべきこと（事柄の非本質部分）を考慮しないことにより、すなわち、**事柄の非本質部分において異なる者を異なって取り扱わないことにより、事柄の本質について等しい者を異なって取り扱う**、という考慮不尽による差別を意味する。

3-2　事件の概要と判旨

　では、スリメノス事件の概要を見ておこう。

スリメノス事件

　この事件では、兵役拒否や輸血拒否などで知られる新宗教、「エホバの証人」の信者であるスリメノスがギリシアを相手どって訴えた事件である。

　スリメノスは、かつて自身の宗教的信念に基づき軍服着用を拒否し、軍務に服しなかった。そのせいで彼には有罪の判決を受けた経歴があった。こうした経歴を理由にスリメノスが公認会計士に就けなかったことが問題となったのが、この事件である。

　ギリシアには有罪判決を受けた者は公認会計士職になれないとする国内法のルールがあった。スリメノスはこのルール（すなわち、有罪判決を受けた者とそうでない者との間に区別を設けるルール）自体を問題視したわけではない。むしろ彼は、その国内法のルールでは、宗教上の信仰ゆえに有罪判決を受けた者と、他の理由で有罪判決を受けた者とが区別されていない、という事実を問題視していた。

　繰り返しになるが、スリメノスはエホバの証人への信仰ゆえに軍務に服しなかった。よって、彼の犯罪はまさしく欧州人権条約9条（BOX：3-3）の保障

する宗教の自由の行使から生じたものであった。にもかかわらず、彼は重大な犯罪で有罪判決を受けた者たちと同じように扱われてしまったため、公認会計士職に就けなかった。この点で、自身は宗教の自由の行使において差別を受けた、というのが彼の主張である。

BOX：3-3　欧州人権条約9条

1　すべての者は、思想、良心および宗教の自由について権利を有する。この権利には、自己の宗教または信念を変更する自由ならびに単独でまたは他の者と共同しておよび公にまたは私的に、礼拝、教導、行事および儀式によってその宗教または信念を表明する自由を含む。

2　宗教または信念を表明する自由については、法律で定める制限であって公共の安全のためまたは公の秩序、健康もしくは道徳の保護のためまたは他の者の権利および自由の保護のために民主的社会において必要なもののみを課す。

欧州人権裁判所は彼の主張を基本的に受け入れ、以下のように判断した。

まず、裁判所は、スリメノスの犯した罪はまさに彼自身の宗教上の信仰から生じたものであるが、それにもかかわらず、ギリシア当局が彼を重大な犯罪で有罪判決を受けた人物として公認会計士職に採用しなかった、という本件事実は9条の範囲内のものである、と説示した。

そして裁判所は、宗教的理由ゆえに軍務に服さないことで有罪判決を受けたスリメノスには職業能力を阻害しうる道徳的難点があるとはいえず、よって彼を公認会計士職から排除することは正当化されない、と述べた。

また、裁判所は、スリメノスは軍務の拒否ゆえにすでに実刑判決を受けて懲役に服しており、そのことに加えて公認会計士職からの排除という制裁まで彼に課すことは過剰な制裁にあたる、とした。

裁判所は、このように述べたうえで、ギリシアの国内立法が、宗教上の信仰ゆえに有罪判決を受けたスリメノスと，他の有罪判決を受けた者とを異なって取り扱っていないこと（すなわち、有罪の判決を受けた者を公認会計士職から除外する旨を定めるルールに適切な例外を設けなかったこと）は客観的・合理的に正当化されない、と認定した。

以上より、裁判所は、ギリシアは欧州人権条約9条とあわせた14条に違反す

ると判断した。この判決の抜粋は BOX：3-4 を参照されたい。

BOX：3-4　スリメノス事件（2000年欧州人権裁判所判決）

　当裁判所は、原則として、国家が公認会計士職から一部の犯罪者を排除することには正当な利益があると考える。ただし、当裁判所は、重大な犯罪に関する他の有罪判決とは異なり、軍服着用を宗教的・哲学的理由で拒否したために受けた有罪判決は、公認会計士職を遂行する犯罪者の能力を損ないうる、不正や道徳的な乱れがあることを示唆しえない、とも考える。よって、申立人を不適切な人物であるとの理由で排除することは正当化されなかった。当裁判所は、自国への奉仕を拒否する者は適切に処罰されなければならないとの政府の主張に留意する。だが、当裁判所は、申立人が軍服着用を拒否したため実刑を受け服役したことにも留意する。これらの状況では、当裁判所は、申立人にさらなる制裁を課すことは不釣り合いだと考える。したがって、公認会計士職からの申立人の排除は、正当な目的を追求しなかったということになる。その結果、当裁判所は、**重大な犯罪で有罪判決を受けた他の者とは異なる方法で申立人を取り扱わないことは、客観的かつ合理的に正当化されない**、と認定する（パラグラフ47）。

　たしかに当局が、法律の下では、申立人を公認会計士に任命することを拒否するほかはなかったことは事実である。しかし、……そうだからといって、被申立国は、条約上の責任から免除されえない。これまで当裁判所は、法律が条約に直接違反していると判断しうることを排除したことはない……。本件に関しては、当裁判所は、まさしく被申立国が、**条約9条の下での権利の享受において差別されない申立人の権利に違反する関係法を制定した**のだと考える。当該国は、重大な犯罪で有罪判決を受けた者を公認会計士職から排除するルールに適切な例外を導入することを怠ったことによって、そうしたのである（パラグラフ48）。

　したがって、当裁判所は、条約9条とあわせた14条の違反があったと結論づける（パラグラフ49）。

　この事件では、有罪判決を受けていないことが、公認会計士職（事柄）の本質部分にあたるようにもみえる。しかし、判決文をよく読めば、有罪判決を受けていないこと自体ではなく、むしろ実質的には道徳的難点がないことが公認会計士職の本質部分にあたる、ということがわかる。つまり、有罪判決は公認会計士職（事柄）の非本質部分をなすのである。

　そのため、ギリシアは、公認会計士職に必要な適性（道徳的難点がないことを含む）の点で、他の者と等しいスリメノスを、他の者と等しく公認会計士職に

就かせなければならなかった。

　ところが、ギリシアは、考慮すべき**事柄の非本質部分**（有罪判決とその宗教的理由）を考慮に入れないことにより、すなわち、宗教的理由で有罪判決を受けたスリメノスと他の有罪判決を受けた者とを異なって取り扱わないことにより、**事柄の本質**（公認会計士職に必要な適性）について等しいスリメノスを異なって取り扱った（スリメノスを公認会計士職から排除した）。これは考慮不尽による差別である、ということができる。国際人権法の下では、たとえ全員がまったく同じように扱われたとしても、このように差別が生じうるのである。

4　直接差別と間接差別

　ところで、特に女性や人種的マイノリティなど、歴史的に深刻な差別を受けてきた一部の集団に関しては、女性差別撤廃条約や人種差別撤廃条約などのような特別な条約が作成されている。そして、これらの条約は、**目的**と**効果**の観点から差別を定義するところに大きな特徴がある（BOX：3-5；3-6）。

BOX：3-5　女性差別撤廃条約1条

　この条約の適用上、「女性に対する差別」とは、性に基づく区別、排除又は制限であつて、政治的、経済的、社会的、文化的、市民的その他のいかなる分野においても、女性（婚姻をしているかいないかを問わない。）が男女の平等を基礎として人権及び基本的自由を認識し、享有し又は行使することを害し又は無効にする**効果又は目的**を有するものをいう。

BOX：3-6　人種差別撤廃条約1条1項

　この条約において、「人種差別」とは、人種、皮膚の色、世系又は民族的若しくは種族的出身に基づくあらゆる区別、排除、制限又は優先であつて、政治的、経済的、社会的、文化的その他のあらゆる公的生活の分野における平等の立場での人権及び基本的自由を認識し、享有し又は行使することを妨げ又は害する**目的又は効果**を有するものをいう。

　女性差別と人種差別の定義に含まれた目的と効果について、ごく簡単に説明

してみよう。

　たとえば、偏見等をもったイベント主催者が女性を排除しようとする**目的**（意図、意思）で、ある女性の参加を断ったとする。こうした参加拒否は、女性であることを直接理由とした差別であり、**直接差別**といわれる。事柄の本質部分において同じ条件にある者たち（参加料を支払った者たち）は、性別の違い（事柄の非本質部分）を理由として異なって（不利に）扱われるべきではなく、等しく扱われるべきである。それなのに女性だからという理由だけで、その女性を等しく扱っていないことが、ここでは問題となっている。そのため、一般に直接差別は他事考慮による差別に分類される。

　これに対して、表面的には差別の目的をもたない規定・基準・慣行（**表面上は中立的なルール**）ではあるのだが、結果的には、それが特定の集団に相当大きな不利益をもたらす**効果**をもつ場合がある。このような場合に間接差別が発生しうる。

　たとえば、間接差別はスリメノス事件でも問題となった。この事件では，ギリシアで採用されたルールは、宗教に関して表面上は中立的なものであったが、そのルールが誰に対してもひとしく適用されたため、結果的には、宗教の自由を行使した集団（に属するスリメノス）を公認会計士から排除する**効果**をもってしまったからだ。

5　間接差別と合理的配慮

　スリメノス事件では、こうした間接差別を発生させないために、ギリシアはそのルールに適切な調整を施しておく必要があった。つまり、ギリシアは宗教上の理由で有罪となった者と他の理由で有罪となった者とを異なって取り扱う措置をとるべきであった。そのような措置は**合理的配慮**と呼ばれる。

　合理的配慮の概念は多義的である。**広い意味**では、合理的配慮とは特定の場合に必要とされる**適切な調整**で、**過重な負担**を伴わないものを意味する。たとえば、スリメノス事件でいえば、ルールに例外を設けることは適切な調整にあたり、ギリシアに過重な負担を課すものではないため、合理的配慮にあたる。

　ここで注意しておきたいのは、そのような適切な調整のうち、特に**当事者個**

人から申出を受けた後にその調整を施すことを、**狭い意味**での合理的配慮ということである。当事者からの申出を受ける前にあらかじめ適切な調整を施しておくことは、この狭い意味には含まれない。

　障害者権利条約（⇒7章）は、合理的配慮をしないことを「差別」と定義した。広いか狭いか、どちらの意味をこの条約が採用したかは争いがあるが、狭い意味であるという理解が一般的である（障害者権利委員会一般的意見5）。

　この狭い意味での合理的配慮を説明するために、身近な例としてマイカー参加禁止のルールを採用したイベントを取り上げてみよう。このイベントの主催者に対して、車いすを利用するFさんがマイカー参加を認めてほしいと申し出たのであれば、主催者側は**過重な負担**を伴わないかぎり、このルールを適切に調整し、彼にだけマイカー参加（ルールの例外）を認めなければならない。これが狭い意味での合理的配慮である。

　もしも主催者が、この合理的配慮を怠り、マイカー参加に関してFさんを他の者と異なって扱わず、Fさんが等しくイベントに参加することができなければ差別が生じうる。ここでいう差別は、主催者がイベントの非本質部分をなす参加方法（車いすの利用のために必要となるマイカー参加）を考慮に入れ、調整すべきであったのにそうしなかったため、イベントの本質（参加費の支払い）において等しいFさんを等しく参加させなかった、という考慮不尽による差別を意味する。

　注意したいのは、この事例は間接差別の問題でもあるということだ。マイカー参加の禁止は、それ自体は障害者を差別しようとする**目的**をもたず、障害者ないし車いすに関しては表面上中立的なルールである。だが、車いす利用者にとって特に朝夕のラッシュ時の公共交通機関の利用は非常に困難だ。よって、マイカー参加の禁止がもたらす**不利益の効果**は非障害者集団と比べて車いす利用者集団（Fさんを含む）にとって相当大きい。そのためマイカー禁止のルールは**間接差別**の問題を生じさせる。

　もしも、主催者側がＦさんの申出を受け入れ、例外的に彼にマイカー参加を認めた（合理的配慮を行った）のであれば、その時点から、もはやマイカー禁止のルールは彼に不利益をもたらすものではなくなり、間接差別の問題も解消される。つまり、スリメノス事件の場合もそうであったが、合理的配慮は間接差別の問題を解消する手段として機能することがあるのだ。

┌─【学習ポイント】─────────────────────────
│　　直接差別と間接差別の具体例をそれぞれ挙げてみよう。また、その間
│　接差別の問題を解消するために、どのような合理的配慮を提供すべきか
│　考えてみよう。
└────────────────────────────────────

6　根深い差別構造の解消

　繰り返しになるが、差別とは**事柄の本質部分**で等しい者を等しく扱わないことを意味する。そして、差別を大きく２つに分ければ、他事考慮による差別（直接差別）と、考慮不尽による差別（間接差別や合理的配慮の不提供）がある。

　これらの差別の背景には嫌悪や偏見、無知等がある。残念ながら、社会の現実を見てみると、人びとは意識下あるいは無意識下で、性別、人種、宗教、障害などに関して嫌悪や偏見等を抱いてしまうことがある。しかも、そのような嫌悪や偏見等は、社会のルールや制度、慣習に組み込まれ、人びとの行動を左右してしまう。レイシズム（人種差別主義）、セクシズム（性差別主義）、エイジズム（年齢差別主義）、エイブリズム（能力差別主義）などは、この社会に深く根を張っているのだ。

　そして、差別された集団や個人は、人間の尊厳を害され、機会の平等が否定され、自律的に生きることが損なわれ、社会から排除されてしまう。排除の究極のかたちは死であり、その死に至らしめる差別の一形態がジェノサイドである。それは、人種的・民族的・宗教的な集団を破壊する意図をもって行われる大量殺害行為であり、ナチス・ドイツによるユダヤ人の大量虐殺（ホロコースト）もそのひとつだ。また、かねてより問題になっていたが、近時日本で注目を集めている差別に憎悪に満ちた表現（ヘイトスピーチ）や嫌がらせ（ハラスメント）がある。

　そのような根深い差別の歴史に対する人類の大きな反省の上に築かれた国際

人権法は、差別の撤廃をきわめて重視している。そのため、差別の禁止は国際人権法全体を支える基礎の一部をなすのである。

　さらに、国際人権法は、歴史的に繰り返されて社会構造に埋め込まれた差別（歴史的・構造的な差別）をより積極的に解消するため、特別の措置を講じることをも国家に求めている。その措置は、ポジティブ・アクション（PA）やアファーマティブ・アクション（AA）と呼ばれる（以下、PAと総称する）。PAは多様な措置を含むが、特に女性や人種的マイノリティ、障害者などのための優遇措置を含むところに大きな特徴がある。PAの論理として、まず、女性や人種的マイノリティなどが、教育や就労などの社会生活において歴史的・構造的な差別という不正義を受けてきた結果、人種間や性別間の著しい格差が今日存在しているという理解の下で、その不正義を体現した人種や女性という集団の属性や存在こそが、教育や就労といった**事柄の本質部分**に据えられるべきとされた。そのため、教育や就労などの文脈において、性別や人種の違い（**事柄の本質部分**）に関して、等しい者たち（同じ性別、同じ人種の人びと）を等しく扱うべきであり、異なる者たち（異なる性別、異なる人種の人びと）を異なって扱うべきである、という主張が認められるようになった。すなわち、歴史的・構造的な差別（不正義）を是正するため、PAとして、女性を男性よりも、人種的マイノリティを人種的マジョリティよりも、入試や就職などで積極的に優遇する措置（点数の割増し、特別採用枠など）をとるべきだということである。

　性別や人種の違いを**事柄の本質部分**とするPA（特に優遇措置）は、性別や人種の違いを**事柄の非本質部分**とする差別禁止の原則と対立し、後者の原則を犠牲にする。そのため、PA（特に優遇措置）により、男性や人種的マジョリティに属する個人への差別が生じてしまうことが問題となる。よって、一般にPAを講じるのは事実上の平等が達成されるまでとされている。つまり、PAはその適用期間が限定されており、サンセット（日没）条項とか「暫定的な特別措置」（女性差別撤廃条約4条1項）といわれる。

【学習ポイント】

　人種的マイノリティや女性などへのPAの具体例を挙げて、その意義と課題を考えてみよう。

2部

国際人権法の個別分野

4章 ジェンダーは女性のことではありません!
──女性差別撤廃条約

1 はじめに考えてみよう

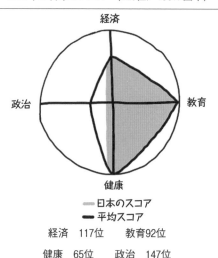

ジェンダー・ギャップ（男女の格差のない度合）
2021年の日本のスコア（120位／156カ国中）

経済

政治　　　　　　教育

健康

━━ 日本のスコア
━━ 平均スコア

| 経済 117位 | 教育92位 |
| 健康 65位 | 政治 147位 |

世界経済フォーラム（WEF）では毎年『グローバル・ジェンダー・ギャップ・レポート』を発表している。このレポートでは、政治、経済、教育、健康の４分野から男女の格差がない度合（平等がより達成されている度合）で国の順位が発表される。2021年、日本は156カ国中120位であった。分野別でみると、政治が147位、経済が117位と低順位が続き、教育が92位、そして健康が65位である。

　政治や経済の順位が低いのは内閣（首相や大臣）や国会議員、企業トップの顔を思い出せば残念ながら明らかだが、教育の順位が低いことは読者にとって驚きかもしれない。教育での評価は４項目からなり、識字率と初等教育（小学校など）は１位であるのに対し、中等教育（中学校・高等学校など）は129位、高等教育（大学・専門学校など）は110位である。

　本章のキーワードである「ジェンダー」を学んだ後に、改めて自身の中学・高校・大学生活を振り返ってみると、思い当たる経験があるかもしれない。ま

ずは次の事例を読んで「性」とは何かを考えてみよう。

Box：4−1　医学部入試における不適切な取扱い

　医学部医学科を設置する複数の大学の入学者選抜において、性別や年齢といった属性にもとづく受験生の不適切な取扱いが明らかになった。以下、本事例を、本章のテーマである「ジェンダー」に関する部分に焦点を当てながら紹介する。

　ある大学の調査報告書によると、一次試験での特定の受験者に対する特別な加点や、二次試験の小論文での性別や現役・浪人の別といった属性による得点調整（不利になるような点数操作）が行われてきたことが明らかになった。また、別の大学では、複数の受験方式で、一次または二次試験について女性の受験者が男性の受験者より不利になるような合否判定基準が適用されていた。

　では、なぜ女性であることによって不利益な取扱いが行われたのだろうか。

　ある大学の調査報告書では、女性は結婚や出産で離職したり、また育児の場合は勤務時間も長くできないことを挙げ、「女性は年齢を重ねると医師としてのアクティビティが下がる、というのがかかる得点調整を行っていた理由のようである」と発表した。

　この事例を読んだとき、どのような感想をもっただろうか。女性であるという理由から入学者選抜で不利益な取扱いを受けることはおかしい。しかし、医療現場のひと手不足、それに伴う医療関係者の過重労働について度々耳にしている。本件に関する調査報告書からは、「子育てによる早退はやむを得ないが、その穴をどのように埋めて患者にどのように対応するかという問題がある、病棟を維持するためには男性医師の方がやりやすいということが現実にはある、女性医師が増えると休職する医師が生じる可能性が高まり現場で他の医師に負担が増える、男性医師の方が激務に耐えることができる等の供述があった」ことが指摘されていた。女性は妊娠や出産、育児を担うことになるのだから、現場のことを考え

医者としてのパフォーマンス？

るとしょうがないところもあるのだろうと感じた人もいるのではないだろうか。

　確かに、女性と男性との間には生物学的な性差があり、生殖機能の違いから妊娠・出産することは女性の生物学的な特徴である。しかし、女性が育児を担当すること、その結果、女性の医師としてのパフォーマンス（仕事ぶり）が低下することは、自然で当然なことなのだろうか。

2　条約上の「女性に対する差別」とジェンダー

2-1　女性差別撤廃条約とは

　女性差別撤廃条約（なお、Women の訳には「婦人」「女子」「女性」があるが本書では「女性」とする）は、女性の地位委員会（CSW）が起草し、国連総会で1979年に採択され、1981年に発効した。国際連合憲章では、男女の同権が前文で明記され、その担当機関のひとつとして CSW が設置された。CSW は、女性の参政権に関する条約（1952年）など特定分野に関する条約、そして女性差別撤廃宣言（1967年）など、女性のための国際文書を起草し、国連総会で誕生させていった。これらの一連の活動をうけて、条約制定の必要性の認識が高まり、条約案が起草された。

　女性差別撤廃条約は、女性差別撤廃宣言など一連の活動を受けたものである一方、これまでとは大きく視点の変わるものとなった。なぜなら、宣言から条約に結実するまでの期間は、国際女性年・国連女性の十年（1975-1985年）を背景に、女性問題への認識が大きく展開した時期であったからである。

　1967年の女性差別撤廃宣言は、その名の通り、**女性に対する差別の撤廃**を目指すものであったが、前文には次のような文言があった。「……社会、政治、経済、文化生活への女性の偉大な貢献、及び家族とくに子の養育における女性の役割に留意」する。すなわち、**家庭責任**は女性がもつのが当然という**性別役割分業**を前提としていたのである。

　しかし、女性差別撤廃条約では、「社会及び家庭における男性の伝統的役割を女性の役割とともに変更することが男女の完全な平等の達成に必要であることを認識し」としている。性別役割分業を前提として女性の権利の保障を考え

るのではなく、性別役割分業自体が女性差別を生みだす原因となっているとの
認識にたった条約となったのである。

2-2　女性に対する差別とジェンダー

　女性差別撤廃条約は、性差別一般ではなく、「**女性に対する差別**」の撤廃を
目指した条約である。その1条では、「女性に対する差別」を次のように定義
する。

> **Box：4-2　女性差別撤廃条約1条**
> 　この条約の適用上、「女性に対する差別」とは、性（sex）に基づく区別、排除又
> は制限であつて、政治的、経済的、社会的、文化的、市民的その他のいかなる分野
> においても、女性（婚姻をしているかいないかを問わない。）が男女の平等を基礎
> として人権及び基本的自由を認識し、享有し又は行使することを害し又は無効にす
> る効果又は目的を有するものをいう。

　生殖機能の相違のような生物学的な特徴にもとづく性差を**セックス**というの
に対し、「男らしさ」「女らしさ」に代表される女性および男性に対して求めら
れる人格や属性、役割などの社会的・文化的性差を**ジェンダー**という。この
ジェンダーという視点は社会学分野で1970年前後に登場したが、それはフェミ
ニズム運動の第2波を受けてであった。第1波フェミニズムが選挙権・被選挙
権など**市民権としての男女平等**を求めるものであったのに対し、第2波は**女性
解放運動（ウィメンズ・リブ）**であり、レイプや家庭内暴力、生殖の自由など市
民権より広い問題に焦点があてられた。その中で、私たちのものの見方、考え
方、振る舞い方の中に潜む性別や「らしさ」をめぐる仕組みの問題性が主張さ
れるようになった。つまり、このジェンダーが示す「男らしさ」や「女らしさ」
という価値が、男女間の階層的な役割分業や**偏見（ジェンダー・バイアス）**をも
たらす場合や、男性優位・女性劣位の権力や利益の分配をもたらしている場合
に注意が必要になるということである。

　たとえば、生物学的な特徴として子どもを産むのは女性しかできないので、
それに伴い産前産後休業の制度を整えることなどは「セックス」の問題である。
一方で、子育ての役割や負担が女性に集中している（または男性が子育てを担う

ことに会社の協力が得にくい）ことは「ジェンダー」の問題である。女性が子育てを担うべき（子育ては「女性らしい」ものであり、「男性らしい」ものではない）であり、ゆえに女性は子育ての間は仕事に就くべきではないというのはジェンダーにもとづく役割分業であり、偏見（ジェンダー・バイアス）である。

　ところで国際法学においてジェンダーの視点から批判的な問いかけが本格的に始まるのは1990年代に入ってからであり、1979年に成立した女性差別撤廃条約にはジェンダーという文言自体は登場しない。しかし、前文や5条には、ジェンダーに含まれる性別役割分業を否定する内容が盛り込まれている。さらに、条約実行の蓄積の中で、1条の規定する「女性に対する差別」が、ジェンダーにもとづく女性への差別も対象としていることが確認されるようになった。女性差別撤廃条約の実施を担う女性差別撤廃委員会の実行の中で、セックスとジェンダーという概念自体は区別されてきたが、セックスにもとづくものも、ジェンダーにもとづくものも、最終的には条約が禁止する「女性に対する差別」であるかが問題とされてきた。

　条約では、「女性に対する差別」として、前述の選挙権や被選挙権のような男性に認められる扱いが女性には認められないことによって不利益を受けることが禁止されている（⇒3章）。これに加え、男性に対し女性が不利益を受ける環境を是正して、女性が男性と平等なスタートに立てるようにする女性に対する**エンパワメント（暫定的な特別措置）**が差別とされてはならないことも規定している。例として、セックスを基準に一定の人数や比率を設定する**クオータ制**がある。なお、日本ではこのような措置を**ポジティブ・アクション（積極的差別改善措置）**と呼んでいる。加えて、条約では選挙権といった公的領域だけでなく、私的領域における女性差別も禁止している。**ドメスティック・バイオレンス（DV）**といった**ジェンダーにもとづく暴力（GBV）**については、明文規定がないものの、その後の実行を通じて条約の禁止対象となった。さらに、「女性」と男性との対で「一枚岩」にとらえるのではなく、女性たち一人ひとりが抱えるセックスやジェンダー以外のさまざまな要因（たとえば人種、宗教や信条、年齢、カーストなど）がその差別を深刻化させていること（**差別の交差性**）に関心が向けられてきた。

　また、女性を差別する目的を有する直接差別を禁止するのみならず、性中立

的であっても実際の効果が女性に不利益をもたらす、すなわち女性を区別、排除、制限することによって、女性の人権および自由の認識、享有、行使に不利益をもたらす間接差別（⇒3章）も禁止の対象としている。

【学習ポイント】
　自身の理想とする「男性像」または「女性像」をイメージしてみよう。理想とする特徴は外見的なものでも、内面的なものでも、社会的または経済的な地位に関するものでも構わない。次に、この理想とするイメージを基に、「男らしさ」「女らしさ」を言葉（単語）にしてみよう。単語は名詞でも、形容詞でも、副詞でも構わない。
　「男らしさ」「女らしさ」を示す言葉を、最低5つずつ、書き出してみよう。
　自身の書き出した「男らしさ」「女らしさ」を示す言葉を並べた場合に、「男らしさ」の言葉のグループと「女らしさ」の言葉のグループの間には、どのような違いがあるだろうか。言葉のグループの間に、優劣や主従（立場の強い側、立場の弱い側）はあるかなど、考察してみよう。

3　教育に対する権利と国家の義務

3-1　権利の侵害──「教育への権利」とは

　繰り返しになるが、女性に対する差別は、権利実現を妨害する行為（区別、排除、制限など）である。本章の事例と深くかかわる教育への権利の差別撤廃を規定した10条をみてみよう。

Box：4-3　**女性差別撤廃条約10条**
　締約国は、教育の分野において、女性に対して男性と平等の権利を確保することを目的として、特に、男女の平等を基礎として次のことを確保することを目的として、女性に対する差別を撤廃するためのすべての適当な措置をとる。

> (a) 農村及び都市のあらゆる種類の教育施設における職業指導、修学の機会及び資格証書の取得のための同一の条件。このような平等は、就学前教育、普通教育、技術教育、専門教育及び高等技術教育並びにあらゆる種類の職業訓練において確保されなければならない。
> (b) 同一の教育課程、同一の試験、同一の水準の資格を有する教育職員並びに同一の質の学校施設及び設備を享受する機会

　女性差別撤廃条約10条では、女性および女児の教育への権利をつぎの3つの側面から考えている。第1に、教育へのアクセス権である。女性および少女が教育施設およびプログラムへの物理的、技術的、経済的なアクセスを有していることをいう。たとえば、紛争や自然災害、文化や宗教などによって女性が教育にアクセスできないことがないよう国は対処しなければならない。

　第2に、教育における権利である。受ける教育の内容や機会に関するもので、性に適した学問分野や職業分野という考え方ではなく、女性が男性と平等な機会をもつために教育の内容と質が確保され、学校でのジェンダー不平等や侵害（性的暴力やいじめなど）を防止することなどが求められる。

　第3に、教育を通じた権利である。教育を通じて個人は変化する社会のニーズに適合できるスキルを身につけ、そのことにより、女性は、学校という場を越えて、あらゆる面で自身の権利を行使することができるようになる。そのために、たとえば、女性に対する偏見やジェンダーにもとづくステレオタイプ化の撤廃に取り組むことなどがある。

②教育における権利

①教育へのアクセス権

物理的アクセス
または
遠隔学習

経済的アクセス ＋奨学金

③教育を通じた権利

3-2　女性差別撤廃条約上の国家の義務とは

　締約国は、条約上、女性を差別しない（尊重する）義務、第三者の差別から保護する義務、そして権利をより積極的に充足する義務を有する（⇒2章）。女性差別撤廃条約では、1条に規定された女性に対する差別を撤廃するために、2条に国家の義務を規定している。

> **Box：4-4　女性差別撤廃条約2条**
> 　締約国は、女性に対するあらゆる形態の差別を非難し、女性に対する差別を撤廃する政策をすべての適当な手段により、かつ、遅滞なく追求することに合意し、及びこのため次のことを約束する。
> （e）　個人、団体又は企業による女性に対する差別を撤廃するためのすべての適当な措置をとること。

　国家は立法、司法、行政を通じて女性に対する差別を行わないことはもちろんだが、私人（個人や団体、企業など）が女性に対して差別を行う場合も国家は適切な措置を講ずる義務を負っている。たとえば、私人が女性に対する差別を行わないよう防止する措置を講じ、また差別が行われてしまった場合にはその行為を捜査し処罰するとともに、補償の提供などの救済措置を講じるなどの必要がある。そのことは2条（e）項でも明らかにされている。

> **【学習ポイント】**
> 　事例で「女性に対する差別」が行われたのか、考えてみよう。
> 　事例では、女性は結婚・出産で離職したり、また育児の場合は長時間の勤務ができないことを挙げ、「女性は年齢を重ねると医師としてのパフォーマンス（仕事ぶり）が下がる」ため、医学部医学科の入試選抜において、女性の受験者が男性の受験者より不利になる合否判定基準が適用されていた。本件のどのような点が、ジェンダー（女性および男性に対して求められる人格や属性、役割などの社会的・文化的性差）の問題なのか。
> 　なお、ジェンダーにもとづく役割分業や偏見は、女性だけでなく、男性にとっても問題をもたらす。今回の事例で示されたジェンダーにもとづく役割分業や偏見は、男性にとってもどんな問題をもたらすだろうか。

4　事例について考えてみよう

　女性が高等教育の入口で直面する問題についての事例を、ジェンダーという概念から考えるとともに、女性が不利益を受けることは不当なのかについて、ひとつの基準となる女性差別撤廃条約について学んできた。ここでは、女性差別撤廃条約から事例を検討する。

4-1　女性差別撤廃条約が対象とする「女性に対する差別」はあったのか

　本事例では、女性である受験生に対し、入学者選抜の一次または二次試験において、男性である受験生と比べて不利となる点数操作がなされ、また合否判定基準が用いられた。

　既に学んだように、条約で規定される「女性に対する差別」はセックスまたはジェンダーにもとづく差別が含まれる。「女性は出産、育児により医師としてのパフォーマンス（仕事ぶり）が下がる」という理由付けは、まさに女性が育児という役割を担うという性別役割分業であり、ジェンダーにもとづくステレオタイプ化である。このステレオタイプ化により、男性に利用可能である機会が女性に対しては否定されてしまった。

　女性差別撤廃条約では、ジェンダーにもとづくステレオタイプ化を、女性および少女の教育への権利の実現を妨げる要因のひとつとして重視している。事例では、教育への権利の3つの側面のうち、教育へのアクセス権が問題となる。教育へのアクセス権では、教育機関およびそのプログラムが、男女の差別なく、すべての者に対してアクセス可能でなければならず、これは法律で規定されるだけでなく、実際に実現されていることが必要である。

4-2　教育における女性に対する差別を撤廃する国家の義務とは

　国家の義務には、私人（個人、団体および企業）によるセックスやジェンダーにもとづく偏見や男女の役割に関するステレオタイプ化といった慣習や実践を撤廃する予防と、差別の被害者に対する救済が含まれる。日本による女性差別撤廃条約の履行状況を確認する第7・8回合同定期報告に対する最終所見（2016

年）として、委員会は、「高等教育機関、特に大学と大学院の在学率において男女の格差が大きいこと」を懸念し、「女性が高等教育を修了する重要性について教員の意識啓発を行う」よう勧告していた。事例の中でみられるように、女性である受験生の高等教育へのアクセスを排除する取扱いが行われることは、委員会の示した懸念を高めるものである。

　文部科学省は医学部医学科のある全大学に対し入学者選抜に関する緊急調査とその結果の公表を行う一方、大学に対し不適切な事案があった場合には自主的な公表と説明責任を果たすこと、そして第三者委員会などを設置して是正や再発防止に取り組むことなどを要請した。入学者選抜に対する大学の自主性や裁量を尊重して、まずは大学自身による対応を求め、必要に応じて行政指導などを行うとしている。加えて、医療現場の労働環境の改善やジェンダーにもとづく偏見の克服に向けた意識啓発はもちろんだが、被害を受けた女性受験生への救済が喫緊の課題であろう。

5　東京医科大学受験料等返還請求訴訟

　2020年3月6日、東京医科大学に対し消費者団体が原告となり提訴した裁判で、東京地方裁判所は受験料返還を認める判決を下した。本件は、被害者が多数いる場合に個々人ではなく集団で司法救済を求めることができる消費者裁判手続特別法（2016年施行）による初めての裁判であった。

　裁判では、性別などの属性で一律に得点調整がされることの説明がなかったことに対し説明義務違反を認め、事前に説明をうけていれば出願しなかったため支払う必要がなかった受験費用などにあたる額を、不法行為にもとづく損害賠償として支払うよう大学に求めた。この説明義務の判断に際し、大学は入学者選抜での合否判定に広範な裁量を有するが、得点調整で性別といった属性にもとづき一律に不利に扱うことについて、大学側から合理的な根拠にもとづく差別的取扱いであることの主張・立証はなく、憲法14条1項などの趣旨などに反するもので違法である疑いがきわめて強いとされた。

　本件訴訟とは別に、元受験生らによる裁判は行われている。女性に対する差別に関する司法での救済はもちろん、大学および政府による予防の施策にも引

き続き注目したい。

【学習ポイント】

　性には、セックス、ジェンダーに加え、「自身がどういう性の人を好きになるか（同性、異性、両性）」という**性的指向**（sexual orientation）、「自身をどのような性と認識しているか」という**性自認**（gender identity）などがある（なお性的指向と性自認の両者を指して SOGI という用語が使われる）。このような多様な性にかかわる活動全般をさす語として、セクシュアリティがある。

セクシュアリティに関する事例として、自身の自認する性にもとづき、女子大で学ぶことを希望する人（戸籍上男性であっても性自認が女性であるトランスジェンダー学生）を受け入れることを決定した女子大学が出てきた。すでに受け入れが始まっている大学もある。

　女性差別撤廃条約は「女性に対する差別」に焦点をあてる一方、女性といっても一枚岩ではないとして差別の交差性に関心を向けてきたことはすでに述べた。SOGI も注目され、レズビアンやトランスジェンダーは条約による保護の対象となってきた。一方で、「女性に対する差別」であることからゲイは対象とならない。このような実行は支持できるかどうかを考えてみよう。

5章 国籍と人種、その違いが分かりますか?
——人種差別撤廃条約

1 はじめに考えてみよう

　国際人権法は**主権国家**（⇒プロローグ）を基礎としている。この主権国家は国民から成っており、国民はその国の**国籍**を取得する。このように個人を特定の国と法的につなぐ制度が国籍なのである。たとえば、国籍を有するからこそ、国籍国への入国・滞在に制限はなく、また国外にいる際は国籍国から必要な保護を受けることができる。2019年末から始まった新型コロナウイル感染症の拡大では、中国武漢市に滞在する日本国籍者を退避させるために政府チャーター機での帰国が実施され、第1便・第2便では日本国籍者が対象であった（なお第3便以降は日本以外の国籍の場合も対象となった）。

　どのような個人を国民とするのか、外国人に国籍の取得を認めるのかについては、主権国家としての国家の権限であり、各国は国内法でその要件を定めている。日本では**国籍法**によって日本国民たる要件を定め、日本国民でない者を外国人としている。日本国民であっても外国の国籍を取得すれば日本の国籍を離脱することができ、外国人も**帰化**によって日本の国籍を得ることができる。

　日本国籍を有する者と有しない者との間にはさまざまな区別がある。たとえば、みなさんの隣りで学ぶ留学生は、前述の通り、日本国籍を有する学生とは異なり、いつまでも本人が希望するだけ日本に滞在できるわけではない。**在留資格**にもとづき、日本政府に許可された期間しか滞在できない。このように、当該国の国籍を有するか否かで、日常生活では異なる待遇を受けるが、その待遇が合理的である場合は差別とはならない（もちろん、不合理な場合は「国籍の有無による区別」も差別となる）。

　しかし、外国人に対する待遇の中には、国籍の有無にもとづくものであるの

か否かが疑わしい事例に出会うときがある。次の事例を読んでみよう。

> **Box：5-1　京都朝鮮学校ヘイトスピーチ事件（2013年京都地裁判決）**
>
> 　ある団体のメンバーらが、京都市内において朝鮮人教育一般文化啓発事業を行う学校法人の運営する学校を標的とし、いわゆるヘイトスピーチを含む示威活動を三度にわたり行った。この学校には朝鮮半島にある大韓民国（韓国）と朝鮮民主主義人民共和国（北朝鮮）という2つの国のうち、後者を祖国とする親をもつ、幼稚園児から小学校6年生にあたる子どもたちが通っていた。
>
> 　示威活動として、次のような怒号を、拡声器を用いながら学校関係者らに浴びせるなどした。
>
> 　「ゴキブリ、ウジ虫、朝鮮半島へ帰れー」「朝鮮人を保健所で処分しろ」「スパイの養成機関、日本人拉致の養成機関、朝鮮学校を解体しろ」「朝鮮学校は、学校ではありません」「みなさん、日本の文部省の認可を受けていない、……ただの任意団体に、なぜ我々が税金を払って、教科書無償、する必要があるのか」
>
> 　さらに、メンバーらは示威活動の模様を撮影した映像をインターネット上で不特定多数人に対して公開した。同学校法人は、民法709条の不法行為にもとづく損害賠償ならびに人格権にもとづく同様の活動の差し止めを求めた。

　このような特定の民族や国籍の人々を排斥する差別的言動を含む行為は**ヘイトスピーチ**と呼ばれる。紹介した事例に関する一連の裁判の中で、団体メンバーらは、自らの発言は、外国人政策ないし移民政策に関する政治的意見であり、人種差別ではないと主張している。

　確かに、朝鮮学校の多くは、学校教育法の1条に規定される「学校」ではない（学校教育法83条にもとづく「各種学校」である）。そのため、たとえば、朝鮮中級学校では、公立・私立中学校と異なり、教科書は無償ではない。なお、高校の授業料相当の就学支援金を学校側に支給する制度（高等学校等就学支援金制度）では、各種学校も制度の対象となっている。しかし、制度の対象となるには、「制度的・客観的に『高等学校の課程に類する』かどうかにより判断する」とされ、具体的には、「（イ）大使館を通じて日本の高等学校の課程に相当する課程であることが確認できるもの（ドイツ学校、韓国学校等の民族系外国人学校）、（ロ）国際的に実績のある学校評価団体の認証を受けていることが確認できるもの（インターナショナル・スクール）について制度の対象」としている。日本

政府の2012年の説明では、朝鮮学校は在日朝鮮人総連合会（朝鮮総連）と密接な関係にあり、教育内容、人事、財政にその影響が及んでいることなどを理由に対象から除外された。

ところで、前述のような団体メンバーらの発言内容は、朝鮮人学校に通う子どもたちを含む学校関係者が受けた被害を考えた場合に、日本国籍の有無にもとづく外国人政策・移民政策に対する政治的意見であって、人種差別に当たる行為でないといえるのだろうか。

地域社会の中で、わたしたちは、在日コリアンをはじめ、日本国籍なく日本で生活をしている外国人（外国籍者）と生活をともにしている。普段の生活の中で、「あれ、おかしいな」と感じたその待遇や行為が、実は国籍の有無からではなく、別な理由による不当な差別に当たる場合があるかもしれない。以下、国際人権法のひとつである人種差別撤廃条約から考えてみよう。

【学習ポイント】

前述の京都朝鮮学校に対する団体メンバーらの発言内容は、外国人であること、すなわち「日本国籍」を有していないことにもとづくものなのだろうか。

日本には、在日コリアンに限らず、外国にルーツをもつ人びとが多く住んでいる。その中には、日本国籍を取得することを選択する人もあれば、ルーツと同じ国籍を

維持することを選択する人もいる。

　あなたは、普段の生活の中で、その人が「外国人かどうか」を何によって判断しているだろうか。また、あなたは「日本人かどうか」を何によって判断しているだろうか。イメージを膨らませながら考えてみよう。そしてクラスメイトと考えを出し合ってみよう。

2　人種差別撤廃条約とは？

　人種差別撤廃条約は1965年12月21日に国連総会で採択された。この条約はどのように誕生したのだろうか。

　すべての人は、恣意的に命を奪われたり暴力を受けたりしない一方、国内を自由に移動したり居住したりできる（なお、移動・居住の自由には法律によって制限のある場合がある）。また自由意思と同意にもとづき婚姻し、家族を形成することができる。必要な教育を受けることができ、また自身の自由な選択により職業に就くことができる。これらは人として生活をしていく中で最も基本的な権利である。これらが、皮膚や髪の色、言語、宗教、生活習慣といった生まれながらの生物的特徴や社会的身分、文化的特徴の相違によって、不当に制限されることがあってはならない。

　しかし、第二次世界大戦の中で、ユダヤ人をはじめとするマイノリティが不当な差別や制限を受け、最終的には命を奪われるホロコーストが行われた。この反省から、第二次世界大戦後は、1948年に「すべての人々がどこでも保障される権利」をリスト化した世界人権宣言を採択するなど、国際社会は人権の国際的な保障を進めてきた。しかしながら、1960年を目前にしても、人種差別は撤廃できなかった。反ユダヤ主義思想を掲げるネオ・ナチズムの活動が欧州を中心に活発化し、南アフリカ共和国では白人優位の人種差別政策であるアパルトヘイト政策がとられていた。

　このような事態を懸念する国際社会の声と動きを背景に誕生したのが人種差別撤廃条約である。その前文には、すべての人間は生まれながらに自由であり、尊厳および権利について平等であり、人種、皮膚の色、または民族的出身

によって差別を受けないことが改めて確認されている。

人はみな平等であって、人種を理由に不当な待遇や制限を設けられることはおかしい！ということが国際社会のルールになった。この人種差別撤廃条約という国際社会のルールにした

【アパルトヘイト】

選挙権は白人だけ。法律で居住地域はもちろん、鉄道に乗るのも制限されてしまう。

White Area（白人居住地）

がって、今回の事例を考えていこう。

3　条約違反の「人種差別」とそうでない「国籍の有無による区別」

今回の事例が国際社会のルールに反しているか、そうでないかを考える際の鍵である人種差別について確認していこう。人種差別撤廃条約の1条1項において、「人種差別」とは次のように定義されている。

> **Box：5−2　人種差別撤廃条約1条1項**
> この条約において、「人種差別」とは、人種、皮膚の色、世系又は民族的若しくは種族的出身に基づくあらゆる区別、排除、制限又は優先であって、政治的、経済的、社会的、文化的その他のあらゆる公的生活の分野における平等の立場での人権及び基本的自由を認識し、享有し又は行使することを妨げ又は害する目的又は効果を有するものをいう。

第1に、条約がなくそうとしているのは、①人種（race）、②皮膚の色（colour）、③世系（descent）、④民族的出身（national origin）、⑤種族的出身（ethnic origin）の事由にもとづく差別である。

①人種とは、社会において皮膚の色、髪の形状など身体の生物学的特徴を共有するとされている地位をさし、②皮膚の色は、さまざまある身体の生物学的

特徴のなかで代表的なものとして挙げられている。

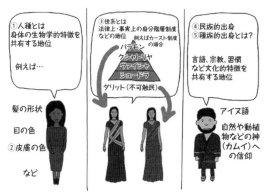

③世系とは、カースト差別や部落差別といった出生によって地位が決定される法的または事実上の身分階層制などの地位を指す。

④民族的出身および⑤種族的出身については、たとえば日本政府は２つを「民族的もしくは種族的出身」としてまとめて説明しているが、社会において言語、宗教、慣習など文化的特徴を共有するとされている人々の集団の出身であることで、アイヌ民族や在日コリアンがこれにあたる。

　一方で、本章で注目している人種と国籍との相違については、条約１条２項に次のような規定がある。

> **Box：5-3　人種差別撤廃条約１条２項**
> 　この条約は、締約国が市民と市民でない者との間に設ける区別、排除、制限又は優先については、適用しない。

　つまり、１条２項の規定により、市民（citizens）としての法的地位にもとづいて行う区別、つまり、締約国による自国の国籍の有無という法的地位にもとづく区別などは、この条約でいう「人種差別」の対象とはならないのである。

　そこで気になるのが人種差別の対象となる民族的出身と、人種差別の対象とならない「国籍の有無」の相違である。それは、民族的出身が、現在どこの国籍を有しているかにかかわらず、本人が以前にもっていた国籍やその祖先が出身である地域の文化的特徴と結び付いている点である。ある人々が独自の宗教および言語を共有し、またその文化に独自性がある場合に、その人々は同じ民族的出身または種族的出身と考えられる。在日韓国・朝鮮人をはじめとする日本に在留する外国人が、日本国籍がないことが理由ではなく、文化的特徴を共

有する地位を理由に差別が行われる場合には、この条約の対象となる。

　第2に、差別とはどういう行為なのか。人種差別撤廃条約でも**直接差別、間接差別**（⇒3章）の双方が対象となる。

【学習ポイント】

　日常生活のなかで直面する日本人と外国人の相違を調べてみよう。

例①）日本人にはできるが、外国人にはできないことは？

例②）日本人には必要ないが、外国人には必要なことは？

　①として、たとえば外国人は地方選挙および国政選挙で投票することはできない。また、法律上、国籍による制限（国籍条項）が規定されている職業・役職がある（調べてみよう）。さらに、②として、外国人の国籍国次第では日本に入国するために査証（ビザ）が必要になったり、一定期間日本に滞在するために在留資格を取得しなければならなかったりする。

　以上は法律上の制度であるが、制度でなくても日常の生活の中で日本人には必要でないことを求められることもある。たとえば、マンションなどの不動産をかりる際に日本人の連帯保証人が必要といわれてしまう場合や日本語が理解できることなどが条件に付される場合、さらにはそもそも物件が「外国人お断り」の場合がある。

　次にその相違が、日本国籍の有無による合理的な相違なのか、人種による不当な差別なのか、考えよう。

　たとえば、参政権の有無については日本国籍の有無という合理的な根拠にもとづく、日本人と外国人の異なる待遇であろう（「地域の住民」として選挙を行う地方参政権には

自由にいろいろなところには行けそうにないなぁ。自国ではそんなことないのに…

入国時に旅行日程を聞かれる
⇒ビザを取るときにも
旅行日程を提出

争いがあることは注意が必要である)。一方、賃貸住宅における入居差別
は、日本国籍を有するか否かによって違いを設けることに合理性はな
く、人種、民族的出身、種族的出身による差別とみなすことができる場
合もある (なお「日本人の連帯保証人」問題は、家賃債務保証会社の普及によ
り以前に比べ状況が改善したとされる)。

4　事例について考えてみよう

4−1　京都朝鮮学校ヘイトスピーチ事件の争点

　冒頭に紹介した事例で、問題となった団体メンバーらの行為は、人種差別撤
廃条約のいう「人種差別」にあたるのだろうか。本事例を争った裁判では、当
該行為が民法709条の不法行為 (故意または過失によって他人の権利または法律上保
護される利益を侵害した者は、これによって生じた損害を賠償する責任を負う) に該当
するかが解釈された中で、人種差別撤廃条約の禁止する人種差別に当たるか否
かが判断された。

　原告である学校側は、団体メンバーの示威活動での発言が、在日朝鮮人とい
う少数集団を対象とし、該当少数集団に対する憎悪や敵対意識を強調している
ため、いわゆるヘイトスピーチにあたり、人種差別撤廃条約ではヘイトスピー
チは条約で禁止されている人種差別にあたると主張した。

　一方、被告である団体側は、人種差別撤廃条約の「人種差別」には「国籍の
有無」による区別は含まれないとしており、自分たちの発言は外国人政策ない
し移民政策に関する政治的意見であるから人種差別にあたらないと主張した。

　裁判所は、問題となった示威行為を、どのように判断したのだろうか。人種
か、国籍の有無か、その差別の違いを考えるにあたり、参考になる人種差別撤
廃委員会による個人通報 (⇒13章) の事例からみてみよう。

4−2　人種差別撤廃委員会による個人通報の事例から考えてみよう

①単なる「外国人」への言及は「人種差別」に当たらない

　申立人はデンマーク国籍者で社会主義人民党所属の国会議員であり、ある国

会議員による人種差別的発言の捜査が実効的に行われなかったことが国家の積極的義務に違反すると訴えた。

　当該国会議員による発言が人種差別に当たるかどうかについて、委員会は次のように判断した。

Box：5–4　ケレシ対デンマーク事件（2005年人種差別撤廃委員会見解）

　委員会は、当該国会議員が政党大会において「外国人」についての攻撃的なステイトメントを行ったことを想起する。委員会は、締約国における過去の立場がどのようなものであったかにかかわらず、一般的に外国人に言及することは、人種差別撤廃条約1条に反するような人種、民族、皮膚の色、世系、または民族的ならびに種族的出身にもとづいて人の集団を選別することには現時点ではならない。ゆえに、委員会は、（ある国会議員のステイトメントが）デンマーク刑法266条（b）に反する人種差別の行為にあたらないという締約国の結論が不適切だと結論づけることはできない。

「外国人」と一般的に言及するだけでは条約に禁止する人種差別にあたらないとする。一方で、委員会の判断から示唆されるのは、「国籍の有無」による区別としながら、実際は人種、皮膚の色、世系、民族的および種族的出身にもとづいて人々を集団化して標的にする場合、条約で禁止されている人種差別に当たりうることである。

②他の外国人と同等の客観的な区別でない場合は「人種差別」に当たる

　申立人はニュージーランド国籍者で、（オーストラリアとニュージーランドの二国間合意にもとづく）特別カテゴリービザを取得し、オーストラリアに在住していた。申立人は、オーストラリアの国内法では学費ローンや学費の減額への申請がオーストラリア国民（citizen）または永続的な人道的ビザ保有者（難民など）に限られており、これが申立人の教育への権利を不当に制限しており、民族的出身にもとづく差別であると訴えた。委員会は次のように判断した。

> **Box：5-5　D.R. 対オーストラリア事件（2009年人種差別撤廃委員会見解）**
>
> 　委員会は、申立人が上記の利益を受けられないのは、民族的出身ではなく、オーストラリア国民（または永続的な人道的ビザなどの保有者など）ではないという事実にもとづくものであることに留意する。オーストラリアに居住するニュージーランド国民は、これら客観的条件に合致しない他の外国人と同様に扱われている。たとえ、この制度がオーストラリア国民および難民を優遇しているとしても、当該制度が特定の民族的出身を有する者に不利益を与えているという結論に至ることはできない。

　「国籍の有無」による区別というためには、客観的条件に合致しない他の外国人と同様に扱われていることが必要である。オーストラリアにいるニュージーランド国民は、受入国国民であるオーストラリア国民とは異なる扱いを受けるが、その他の外国人、たとえば日本国民などとは同じ扱いを受けている。したがって、オーストラリア国籍を有するか否かの「国籍の有無」による区別はあるが、外国人はどの国の国籍を有するかにかかわらずみな同じ扱いであり、特定の民族的出身を有する者に不利益を与えているものではない。委員会の判断から示唆されることは、当該国の国籍を有するか否かではなく、特定の国籍を有する者のみが不利益となるような待遇は、「国籍の有無」による区別ではなく「人種差別」に該当する可能性があることである。

4-3　京都朝鮮学校ヘイトスピーチ事件の結論

　以上を踏まえつつ、日本の裁判所の判断をみてみよう。裁判所は次のように、団体メンバーの示威活動での発言は人種差別であると判断した。

> **Box：5-6　京都朝鮮学校ヘイトスピーチ事件（2014年大阪高裁判決）**
>
> 　本件示威活動における（団体等の）発言は、その内容に照らして、専ら在日朝鮮人を我が国から排除し、日本人や他の外国人と平等の立場で人権および基本的自由を享受することを妨害しようとするものであって、日本国籍の有無による区別ではなく、民族的出身に基づく区別または排除であり、人種差別撤廃条約1条1項にいう「人種差別」に該当するといわなければならない。

　原告が「国籍の有無」による区別にもとづくと主張した示威活動における発

言は、民族的出身にもとづく区別または排除であり、また発言の対象となる在日朝鮮人は、他の外国人と同様に扱われていないことからも、「国籍の有無」による区別ではなく、条約が禁止する人種差別に当たると考えられたのである。

【学習ポイント】

　京都朝鮮学校ヘイトスピーチ事件について、人種差別撤廃委員会の個人通報の２つの事例から、考えてみよう。２つの事例から、「単なる『外国人』への言及は人種差別に当たらない」こと、そして、「他の外国人と同じ区別でない場合は人種差別にあたる」ことがわかった。

　京都朝鮮学校ヘイトスピーチ事件では、どの点が「単なる外国人への言及」ではなかったのか、そしてどの点が「他の外国人と同等の客観的な区別」でなかったのか、考えてみよう。

5　ヘイトスピーチ規制に対する日本の課題

　国際人権法により人権保障の義務を負うのは国家であり（⇒１章）、当然ながら、人種差別撤廃条約も４条により、締約国に人種差別の煽動であるヘイトスピーチを根絶するための迅速かつ積極的な措置をとる義務を負う。日本は義務を果たしてきたのだろうか。

　日本では、2016年に「本邦外出身者に対する不当な差別的言動の解消に向けた取組の推進に関する法律（ヘイトスピーチ解消法）」が施行された。ヘイトスピーチという「不当な差別的言動」は許されないと明示した点は前進であり、街頭でのヘイトスピーチが減るなど一定の効果はみられた。しかし、本法はヘイトスピーチを違法として処罰するものではない。法律では人種や民族という文言はなく、「適法居住者」に対するヘイトスピーチが不当な差別であると対象を限定する。本章で取り上げた在日コリアンは対象となるが、在留期限を越えて滞在（オーバーステイ）する外国人など適法居住者でない者や多様な人種的特徴を有する日本国籍保持者に対するヘイトスピーチは対象とならない。

　加えて、自治体レベルで条例が制定されてきた。中でも、2019年12月に制定

された川崎市の「川崎市差別のない人権尊重のまちづくり条例」では措置が一歩進んだ。ヘイトスピーチという禁止行為をした者／させた者に対し、市長からの勧告、そして命令が出され、それでも違反行為を続けた場合には罰金（命令違反は50万円以下の罰金）のうえ、氏名または団体の名称などが公表される。一方、インターネットの書き込みや動画による差別的言動については対象外となってしまったなどの課題も残る。

　日本政府は、ヘイトスピーチ規制について「表現の自由」との関係で慎重な態度をとってきた。一方で「表現の自由」は絶対的なものではなく、「他の者の権利や信用の尊重」のために法律による規制を設けることが認められている。ヘイトスピーチは「他の者の権利や信用」を害するもので、条約上の義務を果たすには、ヘイトスピーチを禁止する法規定を設けるとともに、そもそも人種差別を禁止する包括的な法制定をするべきであろう。

6章 不登校は何が問題？
——子どもの権利条約

1 はじめに考えてみよう

学校に
行きたくない

私たちには学びたいことを自分に合った方法で学ぶ権利がある。決まった年齢、決まった学校以外で学ぶひとたちにも学習権がある。この章では、**不登校のひと**たちを取り上げ、**子どもの権利条約***の視点から、子どもの権利や**学習権**について考えてみよう。

（*）正式名称は、児童の権利に関する条約。本書では、子どもの権利条約という。

Box：6-1　学校に行きたくない子どもの気持ち
　「学校に行きたくない。でも行かなきゃならない。行けない理由もうまく説明できない。わかってくれる大人もいない。どこに相談に行ったらいいのかもわからない。もう死ぬしかない。」って思っている子どもたちが日本のどこかにいる（出所：ウワサの保護者会 https://www.nhk.or.jp/hogosya-blog/200/289393.html）。

　不登校の子どもたちの多くは、保護者や教師に「なぜ？」と問われても、自分の感情をうまく表現できず、押し黙って引きこもるか、嫌々学校に行くしかない。
　文部科学省の全国統計によれば、2018年度の不登校者数は小学校で約4万

5000人（全児童の0.7%）、中学校で約12万人（全生徒の3.6%）であった。不登校の原因は、いじめなどの学校でのトラブル、勉強の問題、期待に応えようと頑張りすぎて疲れてしまったなどさまざまである。こうした要因から学校に行きたくない小中学生は、義務教育なので学校に行かなければならないのか、そもそも学校で学ぶことは子どもの義務なのか、あるいは権利なのか。

2　普通教育と義務教育

　義務教育を語る場合、普通教育という言葉も耳にする。両者は似ているが、異なる。

　日本国憲法26条１項は、「すべて国民は、法律の定めるところにより、その能力に応じて、ひとしく教育を受ける権利を有する。」とし、２項で、「すべて国民は、法律の定めるところにより、その保護する子女に**普通教育**を受けさせる義務を負ふ。**義務教育**は、これを無償とする。」と規定する。

　ここで、普通教育と義務教育の違いを簡単に説明しよう。普通教育とは、社会で自立して生きていくために必要な基礎的、一般的な知識や技術を学び、技能を得るための教育である。小中学校だけでなく、高等学校でも実施されている。これに対し義務教育とは、子の保護者が子に受けさせる義務を負っている教育で、日本では小学校と中学校等での９年間の普通教育がこれにあたる（**学校教育法16条**）。普通教育は広い概念で、義務教育はこの中に含まれる。

　憲法26条を受けて、**教育基本法**は、「国民は、その保護する子に、……普通教育を受けさせる義務を負う」（５条１項）ものとしている。学校教育法は、「保護者は、……子に９年の普通教育を受けさせる義務を負う」と規定する（16条）。他方で、国民の学習権を確保するため、教育基本法５条４項は、国公立学校での義務教育は無償とし、同法３条１項は、能力に応じた教育の機会均等を保障し、同条２項は、国および地方公共団体に対し、能力があるにもかかわらず経済的理由によって修学困難な者に対する奨学方法を講ずべきことを規定している。

　義務教育に関するこれらの法律を素直に読むと、小中学校に通わない不登校児童生徒は義務教育を「受けていない」と理解しがちである。小中学校で教育

を受ける「義務」を児童生徒本人が果たしていないのか、あるいは保護者がその「義務」を果たしていないことになるのだろうか。

　誰でも普通教育を受ける権利（学習権）をもっている。にもかかわらず、不登校の子どもたちは学校に行く「義務」を果たしていないと批判され、悩んできた。どうしてこうしたギャップが生じたのだろうか。

　普通教育を子にうけさせる義務を負うのは保護者で（教育基本法5条1項）、子は普通教育を受ける権利（学習権）をもつにすぎない。したがって、不登校の子どもたちや生活困窮など何らかの理由で十分に義務教育を受けられなかった者も、普通教育を受ける権利がある。

　以上をまとめれば、①子どもに小中学校での普通教育を「受けさせる」義務を負っているのは保護者で、②子どもには普通教育を受ける義務はなく、③子どもは普通教育を受ける権利（学習権）をもつ。

3　不登校の問題と子どもの権利委員会の総括所見

　義務教育という表現から、学校に行くのは子どもの義務だという見方がいまでも残っている。しかし、子どもにとって学校とは、自分が成長するために学習する場であり、義務として行かされるところではない。子どもは自分の成長にふさわしい学校や学習・教育環境を必要としており、国や自治体はこれに応える義務がある（教育基本法5条3項）。ところが、最近まで日本政府は、①登校しないのは「問題行動」で、②学校に戻るのが望ましく、③学校外での学びは本来の姿ではないので、④これを支援しないという立場をとり続けた。

　こうした政府の対応に対しては、不登校の児童生徒や保護者などが強く反発してきた。同時に、子どもの権利条約の条約体である**子どもの権利委員会**からも批判的な見解が示されてきた。

3-1　子どもの権利条約と実施措置

　子どもの権利条約は1989年に国連総会において全会一致で採択され、1990年に発効した子どもの権利に特化した人権条約である（2021年2月末の締約国数は196）。日本は1994年4月に批准した。

　子どもの権利条約が成立するまでは、子どもは未熟でおとなの保護下で成長する存在なので、人権の主体でなく保護の客体とみなされていた。しかし、この条約は18歳未満の子どもを権利の主体と位置づけ、おとなと同様ひとりの人間としての人権を認めた。また、成長の過程で特別な保護や配慮が必要な子どもの権利も規定している。このように、この条約は子どももおとなと同じ人権の主体とし、子どもの意見表明権を認めるなど、地球規模の子どもの権利章典といわれる。

　ところで、子どもの権利条約は締約国に条約規定を守らせるしくみとして**国家報告制度**（⇒12章）と**個人通報制度**（⇒13章）を採用し、子どもの権利委員会が両制度を運用している。同委員会は18人の独立した専門家で構成される。締約国が提出を義務づけられる**国家報告**を検討し、**総括所見**を公表する。その中で、締約国に子どもの人権状況の改善を促す勧告がなされることもある。また、条約規定についての解釈を**一般的意見**として公表する。

　なお、**通報手続に関する子どもの権利条約選択議定書**（2011年採択、2014年発効：2021年2月末の締約国数は46）を批准している国の中で起きた締約国による子どもへの人権侵害に関する苦情について、個人通報が可能である。ただし、日本はこの選択議定書を批准していないので、日本国内で個人通報制度は活用できない。

3-2　子どもの権利委員会の日本への総括所見

　子どもの権利委員会は日本への**総括所見**の中で不登校問題に関する日本政府の対応に批判的な見解を示してきた。

Box：6-2　子どもの権利委員会総括所見（1998年）

C．主たる懸念事項

22．非常に高い識字率が示すように、締約国（日本）が教育を重視していることに留意しつつ、委員会は、子どもが高度に競争的な教育制度のストレスにさらされていること、その結果として余暇、運動、休息の時間が欠如していることにより、発達障害にさらされていることについて、条約の原則および規定、とくに3条、6条、12条、29条および31条に照らし懸念する。……委員会は、さらに登校拒否の事例がかなりの数にのぼることを懸念する。

D．提案および勧告

43．締約国に存在する高度に競争的な教育制度ならびにそれが子どもの身体的および精神的健康に与える否定的な影響に鑑み、委員会は締約国に対し、条約3条、6条、12条、29条および31条に照らし、過度なストレスおよび登校拒否を予防し、これと闘うために適切な措置をとるよう勧告する。

　子どもの権利委員会は日本における子どもの不登校問題は子どもの権利条約の3条（子どもの最善の利益の確保）、6条（子どもの発達の確保）、12条（子どもの意見表明権）、29条（子どもの教育の目的）および31条（休暇、余暇等）（Box：6-5）にかかわる問題と認識していた。

　しかし、日本は上記の総括所見に対応することなく、2008年4月に公表された第3回国家報告では、不登校に関し次のように記述した。

Box：6-3　第3回日本の国家報告（2008年）

　何らかの心理的、情緒的、身体的、あるいは社会的要因・背景による、いわゆる不登校の児童生徒の数は依然として相当数に上っており、教育上の大きな課題である。文部科学省としては、①児童生徒が楽しく安心して通える、不登校を生じさせない学校づくりや、②スクールカウンセラーの配置等による教育相談体制の充実、③地域の不登校対策の中核的役割を担う教育支援センター（適応指導教室）の整備充実等の施策を推進している（パラグラフ408）。

　これに対し、こどもの権利条約NGOレポート連絡会議が2010年1月に子どもの権利委員会に提出した「NGOレポート」は、「政府、とくに文部科学省は、学校教育制度のあり方を子どもの学習権の充足に照らし包括的に見直すべきである。また、政府は、**子どもの休む権利**を認め、不登校の子どもが登校圧力に苦しむことのないようにするとともに、**学校復帰を目標とする不登校政策**を変更し、学校以外での多様な学びや育ちを保障していくべきである。」との意見を含んでいた。同委員会は日本のNGOの意見も参照し、2010年の総括所見で次のような見解を示した。

> **Box：6-4　子どもの権利委員会総括所見（2010年）**
> 　委員会は、学校および大学への入学を求めて競争する子どもの人数が減少しているにもかかわらず過度の競争に関する苦情の声があがり続けていることに懸念をもって留意する。委員会はまた、このような過度に競争的な学校環境が就学年齢層の子どものいじめ、精神障害、不登校、中途退学および自殺を助長している可能性があることも懸念する（パラグラフ70）。

4　不登校に関する日本政府の政策転換

　子どもの権利委員会による2010年総括所見を受けて、日本政府は不登校について態度を変えたのだろうか。10万人を超える不登校の子どもたちは、教育委員会などが設置する教育支援センターやフリースクールで過ごしていたが、学校に出席したとはみなされていなかった。不登校によって「欠席」が増えると、受験などで不利な扱いを受けることもあるほか、「登校圧力が子どものストレスになる」とも指摘されていた。

　ところが、文部科学省は2016年9月、「不登校児童生徒への支援の在り方について（通知）」において、従来とは180度異なる次の見解を示した。「不登校とは、多様な要因・背景により、結果として不登校状態になっているということであり、その行為を「問題行動」と判断してはならない。不登校児童生徒が悪いという根強い偏見を払拭し、学校・家庭・社会が不登校児童生徒に寄り添い共感的理解と受容の姿勢を持つことが、児童生徒の自己肯定感を高めるためにも重要であり、周囲のおとなとの信頼関係を構築していく過程が社会性や人間性の伸長につながり、結果として児童生徒の社会的自立につながることが期待される。」

　また、「不登校児童生徒の中には、学校外の施設において相談・指導を受け、学校復帰への懸命の努力を続けている者もおり、このような児童生徒の努力を学

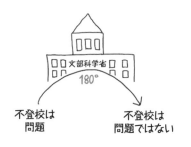

校として評価し支援するため、我が国の義務教育制度を前提としつつ、一定の要件を満たす場合に、これら施設において相談・指導を受けた日数を指導要録上出席扱いとすることができる」こととされた。

こうして、不登校を問題行動とし、不登校児童生徒の学校復帰を前提とし、「出席扱い」を厳格に運用していた従来の立場は変更された。

さらに、義務教育の段階における普通教育に相当する教育の機会の確保等に関する法律（**教育機会確保法**）（平成28年法律第105号）が2016年12月に成立し、2017年2月に完全施行された。この法律は、不登校の子どもたちが教育を受ける機会を確保するための施策を国や自治体の責務とし、必要な財政上の措置を求めた。

子どもの学習権は日本国憲法で保障され、教育基本法でも確認されていた。しかし、当時の現行法の下で、不登校をめぐる国の後ろ向き姿勢は変わらなかった。

国の姿勢が根本的に変わったのは、もちろん、不登校の子どもたち、保護者や支援者たちの不断の努力による。しかし、それだけでなく、子どもの権利条約の規定を生かし、子どもの権利委員会にNGOレポートを提出し、同委員会に粘り強く働きかけた成果として、子どもの権利委員会の前向きな総括所見が出された影響も見逃せない。

【学習ポイント】

不登校に関するに政府の対応変更は、遅ればせながら、正しい対応だった。では、それ以前、日本は子どもの権利条約違反の状況にあったのだろうか。

5　子どもの権利委員会が示す世界知

　子どもの権利委員会は子どもの権利条約第1回国家報告に対する総括所見
（Box：6-2）で、同条約3条、6条、12条、29条および31条に照らし、過度な
ストレスおよび登校拒否を予防し、これと闘うために適切な措置をとるよう日
本に勧告した。次に、不登校の子どもたちに関する2016年の日本政府の政策転
換以前の状況も踏まえ、締約国がこれらの条文上負う義務の視点から、不登校
をめぐる問題点を整理してみよう。

Box：6-5　子どもの権利条約関係条項

3条1項　子どもに関するすべての措置をとるに当たっては、公的若しくは私的な
社会福祉施設、裁判所、行政当局又は立法機関のいずれによって行われるもので
あっても、子どもの最善の利益が主として考慮されるものとする。

6条2項　締約国は、子どもの生存及び発達を可能な最大限の範囲において確保す
る。

12条1項　締約国は、自己の意見を形成する能力のある子どもがその子どもに影響
を及ぼすすべての事項について自由に自己の意見を表明する権利を確保する。こ
の場合において、子どもの意見は、その子どもの年齢及び成熟度に従って相応に
考慮されるものとする。

29条1項　締約国は、子どもの教育が次のことを指向すべきことに同意する。

（a）　子どもの人格、才能並びに精神的及び身体的な能力をその可能な最大限度ま
で発達させること。

2項　この条又は前条のいかなる規定も、個人及び団体が教育機関を設置し及び管
理する自由を妨げるものと解してはならない。ただし、常に、1に定める原則が
遵守されること及び当該教育機関において行われる教育が国によって定められる
最低限度の基準に適合することを条件とする。

31条1項　締約国は、休息及び余暇についての子どもの権利並びに子どもがその年
齢に適した遊び及びレクリエーションの活動を行い並びに文化的な生活及び芸術
に自由に参加する権利を認める。

5-1　子どもの最善の利益（3条1項）

　かつて文部科学省は不登校を否定的にとらえ、フリースクール等での学習実
態を学校への「出席」とみなさず、子どもたちに学校復帰を促していた。不登

校の原因の多くは、いじめなどの友人や教師との人間関係、公教育への違和感や不信感であったので、学校復帰政策は子どもの最善の利益や生命・発達への権利を損なう事態を招いていた。

　子どもの権利委員会の一般的意見14（3条1項）（2013年）によれば、「3条1項にいう行政当局が行う決定の範囲はきわめて広く、とくに教育、ケア、保健、環境、生活条件、保護、庇護、出入国管理、国籍へのアクセスに関する決定を包含するものであることを強調する。これらの分野で行政当局が行う個別の決定は、あらゆる実施措置の場合と同様、子どもの最善の利益によって評価され、かつ子どもの最善の利益を指針とするものでなければならない。」とされている。

5-2　休暇、余暇等（31条1項）

　30年ほどの間に不登校が増加しているのは、精神科医によればほとんどが精神的な疲労によるもので病気ではないという。疲れたという理由で学校を休むと、サボり・ずる休み・怠学とみられがちで、子どもたちは無理をして登校するか、不登校になるしかない。

　しかし、子どもの権利条約31条1項は、「休息及び余暇についての子どもの権利……を認める。」と定めている。子どもの権利委員会の一般的意見17（31条）（2013年）は日本語訳で22頁に及ぶ詳細なもので、次のような具体的提言も行っている。

Box：6-6　子どもの権利委員会一般的意見17（2013年）

　子どもたちが31条にもとづく諸権利を最大限に実現するためには、子どもたちの発達しつつある能力にしたがって一定の条件が確保されなければならない。そのため、子どもたちには以下のことが保障されるべきである。

- ストレスを受けないこと。
- 社会的排除、偏見または差別を受けないこと。
- 社会的危害または暴力の心配がない環境。
- 子どもの年齢および発達にふさわしい休息が得られること。
- 他の要求が課されない余暇時間が得られること。
- おとなによる統制・管理から自由な、遊びのためのアクセス可能な空間および時間。

5-3　締約国の課題

　不登校に至る段階で、親や教師が子どもを無理に学校に行かせようとして、言葉や実力行使で精神的・肉体的苦痛を与えるなどの権利侵害が生じている。さらに、不登校になってからは、その子どもに必要な学習・教育が提供されず、学習権が保障されないままの子どもが多数いる。

　不登校の子どもに就学を強要するのは、人身の自由、名誉・人格権、学習権をはじめとする子どもの権利の侵害にあたる。

　2016年教育機会確保法は、不登校の子どもたちに教育を受ける機会を確保するための施策を国や自治体の責務とした。NGO が子どもの権利委員会に働きかけ、同委員会が日本政府に改善を勧告したことも、この法律の制定を促した要因といえよう。

　子どもの権利委員会が示す一般的意見は締約国を法的に拘束するものではない。しかし、子どもの権利条約の趣旨を締約国内で実現するためのグローバルな知恵に満ちている。子どもの権利委員会は、国家報告の審査（⇒12章）や個人通報の検討（⇒13章）を通じて蓄積された知見を一般的意見にまとめ、締約国に提供している。一般的意見に込められた世界知を国家の運営にどう生かすか、締約国は問われている。

【学習ポイント】

　子どもの権利条約や子どもの権利委員会の総括所見は、不登校を問題行動とみなさなくなった文部科学省の政策転換や教育機会確保法の制定に影響を及ぼしたのだろうか、議論してみよう。

7章 障害って何だろう？
——障害者権利条約

1 はじめに考えてみよう

　多発性硬化症という難病がある。たとえば足や腕がしびれて力がはいらない。視力が急に低下する。熱さや冷たさの感じがなくなる。こういった症状などが現れる。

　多発性硬化症の症状や進行は人によって異なるが、Ａさんは両足の機能に障害があった。ふだんは車いすを利用している。ある日、いつものように会社にいくため、ひとりで駅のほうにむかった。しばらくすると道路におおきな看板があるのに気がついた。昨夜のすごい台風でとばされてきたものだ。この看板（障害物）を取り除かないかぎり駅にたどり着けない。

　その看板はかなりの重量だが、たいして横幅はなかった。まわりの人たちは看板をサッとまたいで駅にむかっている。しかし、だれもＡさんのことは気にとめない。彼女が声をかけても、みんな無視してとおり過ぎてしまう。

　さて、読者のみなさんはこの話を読んでどう思っただろう。「まわりの人たちの態度は冷たいなあ」、「みんな急いでいるから、手伝おうとしないのかな」、「でも、一人か二人は手伝ってくれる人がいるものじゃないの」等々、いろいろな意見がでるかもしれない。

　ただ、本章でみなさんに聞いてみたいことは、この話の中で「障害」という言葉が何カ所で使われていたかである。２カ所で使われていたことに気がついただろうか。両足の「機能障害」と看板という「障害物」である。どちらも「障害」という言葉を使っている。だが、意味はまったく異なる。前者はＡさんの身体にある障害で、後者は社会（環境）にある障害である。「障害」という言葉は多義的なのだ。

　では、国際人権法はどのように障害を捉えているだろうか。国際人権法は「機能障害」あるいは「障害物」の意味で障害の概念を捉えているのだろうか。それとも、また別の意味で障害を捉えているか。

　以下においては国際人権法における障害の概念がどのようなものであるかを説明する。また、それを踏まえて私たちが国際人権法を使って障害者の人権問題に向き合う際に必ず押さえておかなければならない基本的な視点とはどのようなものであるかを論じる。

2　障害（者）の概念

　障害者の権利を保障する国際人権法の中で、最も重要なものは障害者権利条約（以下、権利条約）である。

　権利条約は2001年から2006年の間に作成された。そして2007年3月30日に署名に開放され、2008年5月3日に発効した。今日までにすでに180カ国ほどが権利条約を締結している。日本は2007年9月28日に署名し、2014年1月20日に批准した。

2-1　障害の概念

　権利条約前文(e)には「障害の概念」が記されている（BOX：7-1）。

BOX：7-1　権利条約前文（e）
　障害［は］、機能障害を有する者（persons with impairments）とこれらの者に対する態度及び環境による障壁（barriers）との間の相互作用であって、これらの者が他の者との平等を基礎として社会に完全かつ効果的に参加することを妨げるものによって生ずる

　前文(e)はやや複雑で長い。一読しても、意味がよく分からないかもしれない。単純化すれば、前文(e)でいう障害の概念は、

・**機能障害（インペアメント）**

・障壁（バリア）

・制限（リミテーション）

　という3つの要素を含んでいる。

　機能障害は、目が見えない、耳が聞こえない、肢体が動かない、手足が欠損している、といった心身の機能の障害を意味する。右のイラストに描かれた男性は視覚に機能障害がある。本章の冒頭のAさんは両足に機能の障害があった。

　障壁は、人びとの偏見や差別行為、道路・建物の段差などの社会的障壁を意味する。右上のイラストでは、プリントアウトした文字のメニュー（Menu）が視覚障害のある人にとって障壁となっている。本章の冒頭の例ではAさんの行く手を阻んだ看板（障害物）が障壁である。

　制限の例としては、働くことができない、学校で学ぶことができない、地域社会のさまざまな活動に参加できない、など活動や参加が制限された（妨げられた）状態、あるいは不当な差別的取扱いを受けるなど権利利益が制限された（侵害された）状態が挙げられる。上のイラストの男性は、障害がない人と同じようにメニューを読むことに制限を抱え、その結果、社会に平等に参加する機会が制限されている。

　権利条約前文(e)にいう障害の概念は、これらの3つの要素を含んでいるのであるが、障害の概念そのものは**制限**を指している。そして、前文(e)が、「他の者との**平等**を基礎として**社会**に完全かつ効果的に**参加**することを**妨げる**」（BOX：7-1）という文言を用いていることを考慮に入れると、ここでいう制限は主として**平等な社会参加の制限**を意味する、と考えられる。

　本章の冒頭の例を用いると、Aさんは看板のせいで道を進むことに制限があった。会社に行くことにも制限を抱えた。そのため、平等な社会参加の制限（前文(e)にいう障害）が生じているということになる。

2-2　障害者の概念

権利条約 1 条は障害者の概念を定めている（BOX：7-2）。

> **BOX：7-2　権利条約 1 条後段**
> 　障害者には、**長期的な身体的、精神的、知的又は感覚的な機能障害**であって、様々な**障壁との相互作用**により他の者との平等を基礎として社会に完全かつ効果的に参加することを妨げ得るものを有する者を**含む**。

　本条の骨格を示せば、障害者には「**機能障害と制限を有する者**（制限を伴う**機能障害を有する者**）」が含まれる、ということになる。

　機能障害は「長期的な」ものとされる。長期的がどれくらいの期間かは明確でない。ただ、本条は「含む」という文言を用いているので、必ずしも短期的な機能障害を有する者を排除するわけではない。

　また、前文（e）でいう制限もそうであるように、1 条でいう制限は主として平等な社会参加の制限を意味する。そして、その制限は**機能障害**と**障壁**との相互作用（関係性）から生じる。

2-3　制限の原因

　では、機能障害を有する人たちがさまざまな制限を抱えてしまう原因はいったいどこにあるのだろうか（BOX：7-3）。

　制限の原因を機能障害のみに求める視点は**障害の医学モデル**（あるいは**障害の個人モデル**）と呼ばれる。医学モデルからいえば、目が見えない、耳が聞こえないといった機能障害のみによって、さまざまな制限が生まれる。そのため、医学モデルによると問題の所在は機能障害のみに求められる。

　これに対して、制限の原因を機能障害と障壁との相互作用（関係性）に求める視点を**障害の社会モデル**という。社会モデルは、医学モデルが支配的なこの社会において、医学モデルに対抗して登場した背景があるので、特に**障壁の問題性**を強調する。権利条約はこのような社会モデルに依拠している。

BOX：7-3　障害のモデル
医学モデル：　機能障害　→　制限
社会モデル：　機能障害と障壁　→　制限

　右のイラストでは、車いすの女性が「お店で買い物ができない」という制限を抱えている。その原因を下肢の機能障害のみに求める視点が医学モデルであるのに対して、下肢の機能障害と階段（障壁）との関係性の中に求める視点が社会モデルである。そして、社会モデルでは階段（障壁）の問題性が強調されることになる。

お店で買い物できない…（制限）

機能障害　　　　階段（障壁）

　また、右下のイラストでは、スタッフが「会場に段差があるので入れません」と言っているのだが、車いすを利用する女性が会場に入ることができないという制限を抱えた原因は、車いす（下肢の機能障害）と会場の段差（障壁）の両方にある。これらの原因のうち、やはり段差（障壁）の問題性を強調するのが社会モデルだ。会場の責任者はその障壁を取り除く必要がある。

入れますか？

会場に段差があるので入れません

　ここで本章の冒頭の事例に立ち返ろう。繰り返しになるが、Aさんは道を進めず、駅にたどり着けないという制限に直面していた。よって、会社に行けないという制限も抱えた。つまり、Aさんは社会に平等に参加できないという制限を受けた。

　これらの制限が生じた原因は2つある。両足の機能障害と道路に横たわった看板だ。これらのうち看板（障壁）の問題性を強調する視点が**社会モデル**である。さらに、このモデルでは、Aさんを無視した周囲の否定的態度（障壁）の問題性も強調される。

　このように問題視される障壁は、さまざまな観点から分類できる。たとえば障害者対策推進本部「障害者対策に関する新長期計画」（1993年5月3日）によれば、障壁は、

①交通機関や建築物等における**物理的障壁**

②資格の制限等といった**制度的障壁**

③点字・手話通訳を提供しない等の**文化・情報面の障壁**

④障害者を哀れな存在ととらえる等の**意識上の障壁**

に区別される。さらに、ここに⑤**態度面（行為面）の障壁**を加えてもよいだろう。たとえば障害者の入店を拒否する店員の態度や、本章の冒頭の例ではAさんを手伝わなかった周囲の態度が、この⑤に含まれる。

3　権利条約の批准

3-1　国内法整備

　さて、日本では、従来、条約の締結に当たって国内法令の改廃や制定がなされてきた。特に権利条約の批准時には、かなり大規模な国内法整備がなされた。

　この国内法整備に向けて2009年に設置されたのが**障がい者制度改革推進会議**だ。これには知的障害のある委員も参加し、委員の半数以上を障害当事者・家族が占めた。そして、推進会議の下に**総合福祉部会**と**差別禁止部会**が設けられた。

　推進会議や部会での議論を踏まえて、まず2011年に障害者基本法が改正された。2012年には障害者自立支援法が改正され、障害者総合支援法が成立した。そして2013年に障害者差別解消法が成立した。

　上記の法改正を含め、批准時のさまざまな国内法整備の例は**図表7-1**のと

おりである。

　国内法整備をひととおり終えた後に日本政府は権利条約を批准した。そして2014年2月19日に権利条約は日本について効力を生じた。

図表7-1　条約締結に際しての国内法整備

2011年	障害者基本法改正
2011年	障害者虐待防止法
2012年	障害者自立支援法改正（障害者総合支援法）
2012年	障害者優先調達推進法
2013年	成年被後見人の選挙権回復のための法改正
2013年	障害者差別解消法
2013年	障害者雇用促進法改正
2013年	学校教育法施行令一部改正政令

3-2　障害者の定義の改正

　先に述べた障害者基本法の2011年改正により、障害者の定義も改められた。

　改正前の定義を読んでみると（BOX：7-4）、この定義が障害者の受ける相当な制限の原因を機能障害のみに求めていることがわかるだろう。これに対して、改正後の定義（BOX：7-5）は、制限の原因を機能障害と社会的障壁の両方に求めた。この改正により、障害者基本法の障害者の定義は、権利条約に定める障害者の概念を踏まえたものとなった。

BOX：7-4　改正前の障害者基本法2条1号
　この法律において「障害者」とは、身体障害、知的障害又は精神障害（以下「障害」と総称する。）があるため、継続的に日常生活又は社会生活に相当な制限を受ける者をいう。

BOX：7-5　改正後の障害者基本法2条1号
　「障害者」　身体障害、知的障害、精神障害（発達障害を含む。）その他の心身の機能の障害（以下「障害」と総称する。）がある者であつて、**障害及び社会的障壁**により継続的に日常生活又は社会生活に相当な制限を受ける状態にあるものをいう。

4　人権の主体としての障害者

4-1　保護の客体から人権の主体へ

　さて、先にふれたように、権利条約は2001年から2006年までの交渉を経て作成された。そのプロセスでは「私たち抜きに私たちのことを決めてはならない」という標語が支持された。この標語の下で、とても多くの障害者が交渉プロセスに積極的に参画し、きわめて重要な貢献を果たした。

　権利条約は、すべての障害者がすべての人権を平等に享有することを促進し、保護し、確保することを目的としている（1条）。いいかえれば、権利条約は障害者が自由権規約や社会権規約などの既存の人権条約においてすでに定められた人権（**既存の人権**）を実質的にひとしく享受できることをめざしている。

　1条を含め、権利条約全体を通じて「平等な享有」「差別なしに」「他の者との平等を基礎として」といった文言が用いられている。これは、権利条約が既存の人権の平等な享受を障害者に保障しているからである。権利条約は既存の人権条約に定められていない人権（**新しい人権**）を生み出すものではない。

　権利条約は、既存の人権を障害者に平等に保障することを国家に命じることにより、**保護の客体**から**人権の主体**への障害者像の転換を図っている。

4-2　人権が実現しようとする価値

　以上のように権利条約は障害者を人権の主体に据える。ここでいう人権が実現しようとしている価値としては、少なくとも尊厳、自律（自立）、無差別（機会平等）、参加（包容）が挙げられる。これらの価値は権利条約の解釈に際して常に参照されるべき**一般原則**として3条に盛り込まれている。

　まず、**尊厳**は誰もが人間としてのかけがえのない価値を当然にもつことを意味する。すべての者がかけがえのない価値をもつのは社会的・経済的に役に立つという理由からではない。尊厳は無条件に承認される価値である。

　尊厳の価値と対立するのは**優生思想**である。この思想は、遺伝的に優れた能力を有する者と能力の劣っている者を区別する。そして、この思想は後者を排除し、前者を保護することで優れた子孫を遺していこうとする。

自立は「独立」（インデペンデンス）を意味するが、**自律（オートノミー）**の概念と重なる場合がある。自律とは自分のことは自分で決めるという自己決定・自己選択の自由を意味する。これに対立する概念は**パターナリズム**だ。これは他者が本人の利益のために本人に代わって決めてしまうことを意味する。

無差別（non discrimination）は差別がなされないことを意味する。事柄の本質において等しい者を等しく扱わなければ、差別が発生する。そして、ここでいう差別には他事考慮による差別と考慮不尽による差別が含まれる（⇒3章）。

参加（障害者が社会に参加すること）と**包容**（社会が障害者を包容すること）は重なり合う関係にある。包容（包摂やインクルージョンとも呼ばれる）とは、社会が差異を尊重し配慮しつつ障害者に適合しながら、障害者を包み込むことをいう。これと似て非なる概念が同化である。**同化**は差異への尊重・配慮を伴わないまま、ただ障害者を社会に適合させることを意味する。

現実には、これらの尊厳、自律、無差別、参加といった価値の実現は、障害者には制限されている。そうした制限の原因として機能障害ではなく障壁の問題性を強調する視点が、繰り返しになるが社会モデルである。このモデルは、権利条約をはじめとする国際人権法を用いて、障害者の人権問題に向き合う際に依拠しなければならない基本的な視点となっている。

5　個人通報事例

本章の最後に、権利条約の選択議定書に定める個人通報制度の下で、障害者権利委員会が検討した事例を2件とりあげる。ニュースティとタカーチュ対ハンガリー事件と、ブイドショーほか対ハンガリー事件である。権利条約の依拠する視点（社会モデル）を意識して、どのような障壁が問題となっているかに注意しながら、これらの事例を読み進めてほしい。

5-1　ニュースティとタカーチュ対ハンガリー事件（2013年）

この事件の通報者は、視覚障害者であるニュースティとタカーチュである。この二人は銀行に預金口座を開設し、銀行カードの利用資格を得た。しかし、銀行の運営する現金自動預け払い機（ATM）には点字がなかった。音声案内も

なかった。よって、二人の通報者は自分たちだけでは ATM を利用できなかった。二人は他の者と同じように年会費を払っていたが、他の者と同じ水準で ATM サービスを利用できなかったのだ。

このように、この事件では特に**情報面の障壁**が問題となった。そして、障害者権利委員会は、4条1項(b)や9条2項(b)など本件に適用可能な規定を参照し（BOX：7-6）、以下のようにハンガリーの条約違反を認定した。

委員会によれば、たしかにハンガリーは、視覚障害者が直面している銀行の ATM 等のアクセシビリティ（施設およびサービスの利用のしやすさ）の不備が、解決を要する「現実の問題」である、ということを認識していた。また、ハンガリーは、銀行等の金融機関の運営する ATM のアクセシビリティを向上させるために、一定の措置を講じていた。

だが、実際のところ、そうした措置は二人の通報者または同様の状況にある他の者たちのアクセシビリティを確保するものとはならなかった。よって、委員会は、ハンガリーは9条2項の下での義務を遵守しなかった、と判断した。

BOX：7-6　権利条約4条1項(b)と9条2項(b)
4条1項(b)　障害者に対する差別となる既存の法律、規則、慣習及び慣行を修正し、又は廃止するための全ての適当な措置（立法を含む。）をとること。
9条2項(b)　公衆に開放され、又は提供される施設及びサービスを提供する民間の団体が、当該施設及びサービスの障害者にとっての利用の容易さについてあらゆる側面を考慮することを確保すること。

5-2　ブイドショーほか対ハンガリー事件（2013年）

この事件の通報者は、知的障害のあるブイドショーら（6名）であった。ハンガリー憲法は、被後見人は選挙権をもてないと定めていたので（**制度面の障壁**）、被後見人であったブイドショーらの選挙権ははく奪された。本件について、障害者権利委員会は以下のようにハンガリーの条約違反を認定した。

まず、委員会は、本件に適用可能な条文として、「政治的・公的活動への参加」について定める29条を参照した。委員会によれば、本条はいかなる障害者集団についても投票権の制限を一切設けていない。よって、本条の下で、ハン

ガリーは障害者の投票権を制限してはならないという義務を負う。

　また、委員会は、ハンガリーは12条２項の下で「障害者が**生活のあらゆる側面**において他の者との平等を基礎として法的能力を享有することを認め」なければならない、とした。ここでいう「生活のあらゆる側面」という文言には、委員会によれば、「**投票権を含む政治的生活**」が含まれる。さらに、ハンガリーは12条３項の下で法的能力の実際的行使を障害者に保障するために積極的な義務を負っている。

　ところが、ハンガリーはそれらの義務を遵守せず、ブイドショーらの投票権をはく奪した。よって、委員会は、ハンガリーは29条単独の義務、あるいは12条とあわせ読んだ29条の義務を遵守しなかった、と判断した。

【学習ポイント】

　障害者は実際にどのような制限を抱えており、その制限の原因となっている障壁にはどのようなものがあるか。本章で言及されている例とは異なる具体例を挙げてみよう。また、その障壁を取り除くために、権利条約はどのような義務を国家に課しているか考えてみよう。

8章 仕事の内容が同じなのに賃金が違う?
——国際労働機関（ILO）条約

1 はじめに考えてみよう

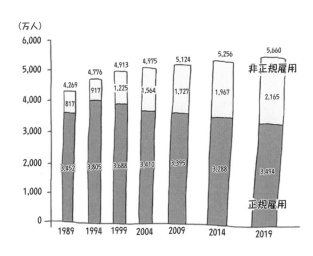

【正規雇用労働者と非正規雇用労働者の推移】

（万人）

日本の労働現場における非正規雇用労働者の占める割合は、2019年に38.2％であり、わずか20年前の1989年の19.1％から2倍となっている。実数を見ると、非正規雇用の労働者は2,166万人で過去最多である。その内訳をみると、男性が691万人に対し女性は1475万人で、約

68％を女性が占める。一方、**正規雇用労働者**の場合は、男性が2342万人に対し、女性は1161万人で、女性の占める割合は約33％である。ここでいう正規雇用労働者とは、雇用期間の定めがない者で、いわゆる正社員（正規の職員・従業員）と呼ばれる者をいう。一方、非正規雇用労働者には、雇用期間の定めがある有期雇用の者やパートタイム労働者（短時間労働者）などが含まれ、一般にはパート、アルバイト、派遣社員、契約社員、嘱託社員などと呼ばれる者が含まれる。正規雇用か、非正規雇用かという雇用形態の区分（以下、**雇用区分**）に

より、賃金は大きく異なる。

　雇用区分が違えば、たとえ仕事の内容が一緒でも、賃金に差が出てしまうことは仕方がないのだろうか。本章では「雇用区分」による賃金格差の問題を、ILO の定めた国際労働条約から考える。まず、次の事例を読んでみよう。

Box：8-1　兼松男女賃金差別事件

　被告企業は、1985年の男女雇用機会均等法制定後、全国転勤で幹部昇進のある一般職と、地域限定で昇進のない事務職とのコース別人事を導入したが、一般職は男性、事務職は女性とされていた。このため、事務職の女性が定年まで働いても、27歳の一般職男性（入社から約5年の社員）と同じ賃金に達しないなど、著しい男女間格差が生じていた。

　原告（女性）は、コース別人事制度が一般職と事務職とを区分し、女性を事務職として、これに一般職標準本俸表より低額である事務職標準本俸表（本俸とは基本給から手当等を除いた額）を適用するとするもので、違法な男女差別であるとして慰謝料および賃金格差相当損害金の支払を求めた。この賃金格差を違法とする法的根拠には、労働基準法4条やILO100号条約（男女同一価値労働同一賃金条約）などが挙げられた。

　これに対し被告企業は、原告らは定型的・事務的補助業務担当者として、また勤務地が限定された者として採用され、その業務に転勤のないまま従事してきたのであるから、賃金の格差は従事する業務の違いや転勤の有無の違いによるもので、性別を理由とするものではないと主張した。

　確かに「一般職」と「事務職」という異なる雇用区分が設けられたが、「一般職」は男性、「事務職」は女性とされていた場合、賃金に格差が生じることは仕方がないのだろうか。

　日本の労働基準法4条では「使用者は、労働者が女性であることを理由として、賃金について、男性と差別的取扱いをしてはならない」と**男女同一賃金の原則**を定める。

　一方、事例で登場する**ILO100号条約**では、「**同一価値の労働についての男女労働者に対する同一賃金**」（1条）を原則とする。そして、各国は「同一価値の労働についての男女労働者に対する同一報酬の原則のすべての労働者への適用を促進し、……確保しなければならない」（2条）と規定する。

　日本政府は、1967年の批准以来、労働基準法4条がILO100号条約を満たし

ているので、新たな国内法の制定は必要ないとし、現在もその立場を維持している。さて本事例において、労働基準法4条を通じて、ILO100号条約が定める同一価値労働同一賃金を満たすような判断がなされたのだろうか。

2　国際労働機関（ILO）、そして国際労働基準とは？

2-1　国際労働機関（ILO）とは

　本書でこれまで取り上げて来た国際人権法は、国連で成立した条約が中心であった。今回取り上げる100号条約を定めた**国際労働機関（ILO）**は、1919年にベルサイユ条約によって設立された国際機関で、1946年に国連と協定を結び国連専門機関となっている。以下で紹介するILOの目的やしくみ、権限などは、ILO憲章（1919年）およびILOの目的に関する宣言（フィラデルフィア宣言）（1944年）によって規定されている。

　ILOの他の国際機関と異なる特徴として、政府、労働者（日本の場合は日本労働組合総連合会（連合））、使用者（日本の場合は日本経済団体連合会（経団連））の三者構成をとることが挙げられる。

　ILOを知るための重要な概念のひとつとして、「**ディーセント・ワーク（Decent Work）**」がある。ディーセント・ワークとは日本語では「働きがいのある人間らしい仕事」と訳され、権利が保障され、十分な収入を生み出し、適切な社会的保護が与えられる生産的な仕事を指すとともに、またすべての人が収入を得るのに十分な仕事があることを意味する。ILOでは1999年以降、「ディーセント・ワークをすべての人に（Decent Work for All）」を目標に活動に取り組んでいる。

2-2　ILOの国際労働基準（条約・勧告）とは

　ILOのしくみとして、毎年国際労働総会が開かれる。総会で決められることのひとつに**国際労働基準**の設定がある。

　国際労働基準は、ILOの特徴である政府・労働者・使用者の三者代表の審議の結果、設定される。政府代表だけでなく、労働者および使用者代表も投票権をもつ。しかし、三者は同じ投票権を有するのではなく、政府の投票権は労使

を合わせた投票権（つまり民間代表の投票権）と等しくなる。ただし、労働基準の設定に必要な賛成は出席代表の3分の2であり、このことは、政府代表全員の賛成だけでも、労使側の全員の賛成だけでも、条約・勧告は採択できないことを意味している。

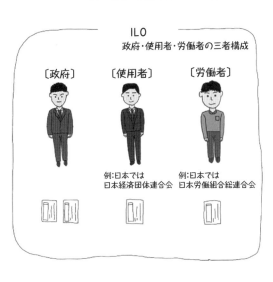

　国際労働基準を定める際に、条約と勧告の2つの形態で採択する場合が多い。まず条約が採択されると、加盟国政府は原則12カ月以内に条約の批准を国内手続で審議しなければならない。日本の場合は、国会に条約を提出し審議することになる。条約を批准した場合、加盟国は条約内容を国内で保障する義務を負う。必要に応じて新たに法令を制定したり、現行法や行政措置を廃止または改正したりする。たとえ加盟国が条約を批准しない場合でも、その条約と同じ国際労働基準が勧告としても採択されているのなら、勧告にもとづき、理事会の要請に従って、国際労働基準の国内適用状況についてILOに報告することになる。

2-3　ILO中核的労働基準とは

　ILOが採択した国際労働基準は、現在までに、190の条約と206の勧告に上っている。このうち、労働者の基本的権利に関する4つの分野、すなわち「結社の自由及び団体交渉権の効果的な承認」「あらゆる形態の強制労働の禁止」「児童労働の実効的な廃止」「雇用及び職業における差別の排除」に関する8つの条約が中核的労働基準を構成している。

　なお、日本は中核的労働基準を成す8条約のうち、「強制労働の廃止に関する条約（105号）」と「雇用及び職業についての差別待遇に関する条約（111号）」

図表 8-1　中核的労働基準を成す 8 条約

分野	条約名
結社の自由および団体交渉権の承認	結社の自由及び団結権の保護に関する条約（87号）
	団結権及び団体交渉権についての原則の適用に関する条約（98号）
強制労働の禁止	強制労働に関する条約（29号）
	強制労働の廃止に関する条約（105号）
児童労働の禁止	就業が認められるための最低年齢に関する条約（138号）
	最悪の形態の児童労働の禁止及び撤廃のための即時の行動に関する条約（182号）
雇用および職業における差別の排除	同一価値の労働についての男女労働者に対する同一報酬に関する条約（100号）
	雇用及び職業についての差別待遇に関する条約（111号）

の 2 条約を批准していない。1998年の「労働における基本的原則及び権利に関するILO宣言」は、ILO加盟国が当該条約を未批准の場合でも、「誠意をもって、憲章に従って、これらの条約の対象となっている基本的権利に関する原則」を尊重する義務を有することを確認している。

【学習ポイント】

　国際労働基準にはどのようなものがあるか、実際に調べてみよう。国際労働機関（ILO）駐日事務所ホームページでこれまでの条約および勧告の一覧をみることができる。

　　条約一覧

　　https://www.ilo.org/tokyo/standards/list-of-conventions/lang--ja/index.htm

　　勧告一覧

　　https://www.ilo.org/tokyo/standards/list-of-recommendations/lang--ja/index.htm

　たとえば、一番最近の国際労働基準は2019年に設定されているが、何についての条約・勧告が採択されたのだろうか。また、日本が批准した条約はいくつあるだろうか。

3　ILO100号条約とは？

3-1　男女の同一価値労働同一賃金とは

1951年、ILO第34回総会は「同一価値の労働についての男女労働者に対する同一報酬に関する条約」（100号）と同勧告（90号）を採択した。本条約は「同一労働同一賃金原則」のみならず、「同一価値労働同一賃金原則」を保障している。つまり、第1には、同じような能力

ILO100号条約
男女の同一価値労働同一報酬条約

同一労働同一賃金
等しい労働,同一の労働、同様の労働＝賃金も等しく

＋

同一価値労働同一賃金
異なる性質の労働との比較で同一の価値＝賃金も等しく

労働基準法第4条
性による賃金差別の禁止

賃金格差
＝性による賃金差別
＝禁止（違法）

賃金格差
＝男女のコース別採用
＝コース別の採用、処遇の違い
＝差別ではなく合法？

を有する男女が、同等の条件で、（ほぼ）同じ仕事を行う場合に、同じ賃金を支払うことを義務付ける（同一労働同一賃金原則）。これに加えて、第2に、異なる仕事をする場合（すなわち男女労働者での職務内容、責任、要求される技能や資格が異なる場合、異なる条件の下で行われている場合など）であっても、職務全体として同一の価値を有するならば、同一賃金を支払うことを義務付ける（同一価値労働同一賃金原則）。

具体的に異なる仕事だが職務全体としての価値が比較された例として、客室乗務員（女性が支配的な職種）とパイロット・整備士（男性が支配的な職種）、学校給食管理者（女性が支配的な職種）と公園管理者（男性が支配的な職種）、仕出し屋・清掃係（女性が支配的な職種）と植木屋・運転手（男性が支配的な職種）などがある。

どのように同一の価値かどうかを判断するのかについては、一例として、仕

事の内容を個々の要素から仕事の価値を点数化して評価する方法（分析的職務評価法）がある。個々の要素とは、「教育、訓練あるいは経験を通じて獲得された技能及び資格」、「備品、金銭、人びとに対する責任」、「業務量（肉体的、精神的、社会心理的などのものを含む）」、「物理的側面（騒音、塵埃、気温、健康障害など）および心理的側面（ストレス、隔離性など）を含む労働条件」などがある。仕事内容を数値化することで、異なる仕事であっても同じ価値かどうかを判断することができる。

3-2　締約国は男女の同一価値労働同一賃金のために何をしなければならないのか——国内的保障

　締約国は、適切な手段により、同一価値の労働についての男女労働者に対する同一賃金の原則のすべての労働者への適用を促進し、確保しなければならない。

　この保障方法には、国内法令、法令による賃金決定制度、労働者と使用者の労働協約およびこれら手段の組み合わせが含まれる（2条）。加えて、「行うべき労働を基礎とする職務の客観的な評価を促進する措置」が保障に役立つ場合は、その措置をとる（3条）。合わせて、勧告では「性別にかかわらない職務分類を行うための職務分析」や「仕事の客観的評価の方法」なども規定している。

3-3　締約国の国内的保障を監視するためのしくみ——国際的保障

　締約国による国内的保障を促進するため、ILO100号条約では、国家報告制度および条約違反の提訴手続を設けている。国家報告制度はILO憲章22条が規定するもので、締約国はILO条約を実施するために取った措置について定期的にILO事務局に報告する義務を負う。100号条約については隔年で報告を行い（場合によっては毎年報告を求められる）、日本政府は、最近では2016年に報告書を提出している。報告書は、労使によって提出された個別見解をふまえて、専門家委員会によって審査される。その結果は専門家委員会のコメントとともに報告書としてILO総会に提出される。

　さらに、条約違反に対する2つの提訴手続が定められている。ひとつは、24

条で規定される「申立て」である。労働者または使用者の団体がILO事務局に申立てすることができ、ILO理事会は政労使三者からなる三人委員会を設置して申立てを処理し、政府の弁明が不満足であれば最終措置として「公表」を行う。他方は、**26条で規定される**「苦情申立て」であり、政府間の申立て、理事会の発意による申立て、総会による申立てがある。100号条約については、次節で紹介するように24条にもとづく申立てが行われている。

【学習ポイント】

　日本（または自分の出身国）において、女性が支配的な職種と男性が支配的な職種にはどんなものがあるか、議論してみよう。先ほどの例を挙げれば、客室乗務員（女性が支配的な職種）とパイロット・整備士（男性が支配的な職種）は、日本の現状でも当てはまる。その他の例を挙げてみよう。

　挙げた例のなかから、女性が支配的な職種と男性が支配的な職種のペアを一組つくり、「教育、訓練あるいは経験を通じて獲得された技能及び資格」、「備品、金銭、人びとに対する責任」、「業務量（肉体的、精神的、社会心理的などのものを含む）」、「物理的側面（騒音、塵埃、気温、健康障害など）および心理的側面（ストレス、隔離性など）を含む労働条件」の要素から両者を比較してみよう。

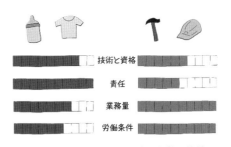

保育士と建設労働者の仕事の価値の比較
ILOウェブサイト（https://www.ilo.org/infostories/Stories/Discrimination/tacklin-sex-discrimination-through-pay-equity）を参考に作成。

4　事例について考えてみよう

　冒頭の事例において、日本の裁判所は雇用区分の相違（コース別採用）にもとづく男女の賃金格差を、労働基準法4条からどのように判断したのだろうか。それはILO100号条約が規定する同一価値労働同一賃金を実現する判断になっていたのだろうか。また、ILOは、日本の労働基準法4条によるILO100号条約の国内的保障をどのように判断しているのだろうか。

4-1　男女に賃金格差があっても異なる雇用区分であれば労働基準法4条違反に当たらず

　第一審は、男女に賃金格差があっても異なる雇用区分であれば労働基準法4条違反となる不合理な差別とまではいえないとした。つまり、ILO100号条約の定める同一労働同一賃金からの判断にはならなかった。

> **Box：8-2　兼松男女賃金差別事件（2003年東京地裁判決）**
> 　裁判所は次のように判断した。労働基準法4条は、性による賃金差別を禁止しているに止まるから、採用、配置、昇進などの違いによる賃金の違いは、同条に違反するものではなく、被告が行った男女のコース別の採用、処遇の違いにより男女間に賃金に差が生じても、それは、採用、配置、その後の昇進の違いによるものであるから、同条に直接違反するともいえない。男性と女性では、その従事する業務は一部重なり合っていたものの、大半は異なっていたのであるから、このような被告のした男女のコース別の採用、処遇が労働基準法4条に違反し、不合理な差別であって公序に反するとまでいうこともできない。

4-2　異なる雇用区分で「同一労働」の男女に賃金格差がある場合は労働基準法4条違反

　控訴審および上告審（上告を棄却）では、原審の判断を一部変更し、労働基準法4条の判断に、ILO100号条約の定める同一労働同一賃金を盛り込み、異なる雇用区分で同じ労働に就く男女の賃金の比較を行い、違反を認定した。

> **Box：8-3　兼松男女賃金差別事件（2008年東京高裁判決）**
>
> 　裁判所は次のように判断した。コース別人事制度導入後、控訴人らと職務内容や困難度を截然と区別できないという意味で同質性があると推認される当時の一般1級中の若年者である30歳（入社後8年で自立が期待された）程度の男性の一般職との間にすら賃金について相当な格差があったことに合理的な理由が認められず、性の違いによって生じたものと推認され、男女の差によって賃金を差別するこのような状態を形成、維持した被控訴人の措置は、労働基準法4条等に反する違法な行為であり、その違法行為は当該期間継続したものである。被告（被控訴人）企業はそのような違法行為をするについて少なくとも過失があるものというべきである。新人事制度導入後についても同様に違法行為とその継続を認定した。以上から、職務内容に照らして男性社員の賃金との間に大きな格差があったことに合理的理由はなく、コース別賃金は労働基準法4条に違反する賃金差別である。

4-3　異なる雇用区分で「異なるが同じ価値の労働」の男女の賃金格差の是正へ

　以上から、労働基準法4条を通じて ILO100号条約の定める男女の同一労働同一賃金の実現へと、判例が展開してきたことが分かる。一方で、ILO100号条約が定めるのは男女の「同一価値労働同一賃金」の実現である。労働基準法4条は同一価値労働同一賃金を実現してきたのか。この点を、2009年9月に全石油昭和シェル労働組合、商社ウイメンズユニオン、ユニオン・ペイ・エクイティの3労働組合が ILO 憲章24条にもとづき日本政府に対して行った100号条約違反の申立て審査の結論（2011年）からみてみたい。

　申立てを受けて、ILO 理事会に任命された委員会は、①100号条約が定める男女の同一価値労働同一賃金が労働基準法4条など国内法で規定されているか、②100号条約に合致する形で国内的保障が行われているかという2つの論点に整理し検討した。

　①について、委員会は、労働基準法4条は性別による賃金差別を禁止する一方で、同一価値労働については規定が設けられていないと結論づけた。なお、この点は、条約適用勧告委員会がこれまでに繰り返し指摘するところである。

　②について、委員会は、国内裁判において、労働基準法4条が異なる担当職務や職種に適用されたのは過去2件だけであり、異なる雇用区分の異なる職種

である男女を比較し、同一価値と考えられる労働であるかどうかを検討する必要があることを指摘した。これまでの日本の判例において、異なる雇用区分での男女の比較（同一労働の男女比較）は行われたが、異なるが同じ価値の労働は比較されていない。ILO のいう同一価値労働とは、広い範囲での比較であり、等しい労働、同一の労働、同様の労働（equal, same, similar work）をこえて、まったく異なる性質であるが同一価値をもつ労働を含む。委員会は、日本政府からこの点についての情報が提供されておらず、現行の立法の運用において同一価値労働（異なるが同じ価値の労働）まで含めた広範な比較がなされているとはいえない、と結論づけた。

5　非正規労働と同一労働同一賃金

　2018年7月に「働き方改革を推進するための関係法律の整備に関する法律」（平成30年法律第71号）が公布された。この新法には正規雇用労働者と非正規雇用労働者の間の同一労働同一賃金の実現を目指す規定がもりこまれた。たとえば、同じ企業・団体内において、正規と非正規の雇用労働者間で職務内容が異なる、または職務内容と配置の変更範囲が異なる場合でも、職務内容、職務内容・配置の変更範囲、その他の事情を考慮して「不合理な」待遇格差は禁止されることになった（均等待遇）。なお、ここでいう待遇には、基本給、賞与、各種手当、福利厚生・教育訓練などが含まれる。

　これに関連して、2020年10月、正規・非正規雇用労働者間の賞与や退職金の有無などの待遇差が不合理であるか否かが争われた一連の裁判に最高裁判所が判断を示した。それぞれ待遇の性質・目的などを考慮しながら、賞与や退職金については「不合理」ではないとした一方、扶養手当や有給の病気休暇、年末年始勤務手当、年始の祝日給、夏期冬期休暇については「不合理」であるとした。

　さて、今回の裁判で争われなかった基本給についての同一労働同一賃金の実現についてはどうだろうか。厚生労働省の「同一労働同一賃金ガイドライン」（厚生労働省告示第430号）では、正規と非正規の間で賃金の決定方法が異なる場合は「将来の役割期待が異なるため、賃金の決定基準・ルールが異なる」とい

う主観的・抽象的説明では足りず、賃金の決定基準・ルールの違いについて、職務内容、職務内容・配置の変更範囲、その他の事情の客観的・具体的な実態に照らして不合理なものであってはならないとする。一方で、この議論は日本において基本給決定のしくみがさまざまであること、すなわち労働者の能力または経験に応じて支払うもの、勤続年数に応じて支払うものなどがある現実を前提とする。したがって、ILO100号条約の定める同一（価値）労働同一賃金を実現する障壁となってきた日本の企業社会における賃金決定のしくみを認めたうえでの内容となってしまっており、これが大きな課題となっている。

9章 帰るに帰れない！
――難民条約と拷問等禁止条約

1 はじめに考えてみよう

　Aさんは中東のある国から日本に来た。26歳の外国人男性だ。実のところ彼は母国に帰りたくなかった。いや帰るに帰れなかった。母国では彼と同じ宗教を信じている人たちが迫害を受けていたからだ。母国に戻れば身の危険にさらされる。

　Aさんはもうすぐ在留期間が切れてしまう。期間を更新しないで在留すれば、オーバーステイ（在留期間を超えた不法滞在）として退去強制の対象になる。彼は出入国在留管理庁（入管）に身柄を収容された上で、所定の手続がとられれば、強制送還されてしまうのだ。

　そこで、Aさんは難民認定申請をした。難民認定申請中の人は退去強制されることはない。そして難民に認定されれば、日本での在留が認められ、さまざまな権利・利益を享受することができる。今のところ、申請結果はわからない。Aさんは、難民に認定されなかったらどうしようか、と不安な日々を過ごしている。

　では、このAさんのような外国人が迫害のおそれがある母国に戻らずにいられるために、国際人権法はどのような義務を日本に課しているか。本章ではこの問題を考える。

2 難民不認定、長期間収容、送還忌避（きひ）

　まず、日本の状況を確認すると、実のところ日本で難民に認定される者はほとんどない。難民認定率はわずかに0.4％だ。2019年の統計を見ると、1万375

人の難民認定申請者数のうち難民認定数はたったの44人であった（出入国在留管理庁「令和元年における難民認定者数等について」2020年3月27日）。

　難民不認定処分を受け、在留許可がない外国人らは、**出入国管理及び難民認定法**（以下、**入管法**）の下で、原則としてすべて収容される。そして退去強制令書が発付された人については期限の上限なく収容することが可能となる。

　このような**無期限・長期間の収容**については、これに反対するハンガーストライキも行われ、餓死するケースさえ出ている。**仮放免**の許可を求める集団訴訟も提起されている。仮放免とは、退去強制令書等によって収容されている者に対して、一時的に収容を停止し、身体拘束を仮に解く制度をいう。

　また、無期限・長期間の収容については、たとえば自由権規約委員会や人種差別撤廃委員会、拷問禁止委員会といった条約体などが日本に懸念を示し、勧告を行っている。ここでは、拷問禁止委員会の懸念と勧告を紹介しておこう（BOX：9-1）。

BOX：9-1　無期限・長期間の収容と拷問禁止委員会

　拷問禁止委員会は、2007年の総括所見で、日本に対し、「庇護申請の却下から退去強制までの間、庇護申請者が不当に長期間収容されていること、特に、期間の定めなく長期に収容されている事案があるとの報告（があること）」について懸念を表明するとともに、「退去強制を待つまでの収容期間の長さに期限を設けるべきであり、特に脆弱な立場の人々についてはそうすべきである」とした。

　同委員会は、2013年の総括所見で、日本に対し、「(a) 入管法に従って行われる退去強制命令の下、長期間のときには**無期限**の収容が庇護申請者に対して行われていること。また、そのような収容の決定に関する独立した審査が欠如していること：(b) 庇護申請者に対して、収容以外の手段がほとんど利用されていないこと」について懸念を示した。また、この所見で、同委員会は、日本に対し、「(b) 庇護申請者の収容は**最後の手段**であり、必要な場合であっても可能な限り**短い期間**に留めること。また、退去強制までの収容に最長期間を設定すること：(c) 入管法に定められているように、**収容に代わる手段を利用すること**」を勧告した。

　さて、難民不認定や無期限・長期間の収容と関連して今日大きな問題となっているのが、送還忌避者の増加である。送還忌避者とは、国外退去を命じられても送還を忌避する者をいう。2019（令和元）年12月末の時点で，退去強制令

書の発付を受けて収容されている者は942人。このうち送還を忌避する者は649人（69％）であった（出入国在留管理庁「送還忌避者の実態について」2020年3月27日）。

　そして、難民不認定や長期間収容、送還忌避といった問題と関係してくるのが、冒頭に述べたAさんのような外国人を、生命や自由への脅威や拷問のおそれがある国に追放・送還してはならない、という国際法の原則である。これをノン・ルフールマン（non-refoulement）原則という。この原則はさまざまな条約の下で保障されているが、以下においては、特に難民条約と拷問等禁止条約がどのような条約であるかを見ていきながら、それらの条約に定めるノン・ルフールマン原則がどのようなものであるか確認しよう。

3　難民条約

3-1　条約と議定書

　第二次世界大戦よりも前に難民問題は発生しており、難民の保護のための国際約束もいくつか成立していた。しかし、第二次世界大戦により、主にヨーロッパを舞台にして、かつてない規模で大量の難民が生まれ、新たな取組みが求められることになった。そこで、1950年12月14日に設立されたのが、**国連難民高等弁務官事務所**（**UNHCR**）である。そして、翌年の1951年6月28日に難民条約が採択された。

　だが、難民条約は、第二次世界大戦後にヨーロッパにおいて発生した難民の保護を主な対象としており、**1951年1月1日以降**に発生した難民については適用されない、という問題を抱えていた。こうした問題を抱える難民条約を補足し、世界中で増加する難民に対応できるように、地理的・時間的な制約を取り除いた難民議定書が1967年に採択された。

　難民条約および難民議定書に定める難民の定義はかなり長く複雑である（BOX：9-2；9-3）。簡潔にいえば、難民条約にいう「難民」とは、人種、宗教、国籍、特定の社会的集団の構成員であること、政治的意見（以下、**5事由**）により、「**迫害を受けるおそれがあるという十分に理由のある恐怖を有する**ために、**国籍国の外**にいる者」であって、「**その国籍国の保護を受けることができないもの**」などをいう（1条）。

要するに、①5事由による迫害の恐怖、②国籍国の外、③国籍国の保護の欠如、の3つが難民の定義のポイントである。

BOX：9-2　難民条約1条

1条A　この条約の適用上、「難民」とは、次の者をいう。
（1）　1926年5月12日の取極、1928年6月30日の取極、1933年10月28日の条約、1938年2月10日の条約、1939年9月14日の議定書又は国際避難民機関憲章により難民と認められている者。
　　　国際避難民機関がその活動期間中いずれかの者について難民としての要件を満たしていないと決定したことは、当該者が（2）の条件を満たす場合に当該者に対し難民の地位を与えることを妨げるものではない。
（2）　1951年1月1日前に生じた事件の結果として、かつ、人種、宗教、国籍若しくは特定の社会的集団の構成員であること又は政治的意見を理由に迫害を受けるおそれがあるという十分に理由のある恐怖を有するために、国籍国の外にいる者であって、その国籍国の保護を受けることができないもの又はそのような恐怖を有するためにその国籍国の保護を受けることを望まないもの及びこれらの事件の結果として常居所を有していた国の外にいる無国籍者であって、当該常居所を有していた国に帰ることができないもの又はそのような恐怖を有するために当該常居所を有していた国に帰ることを望まないもの。
（略）

BOX：9-3　難民議定書1条

2　この議定書の適用上、「難民」とは、3の規定の適用があることを条件として、条約（難民条約――引用者）第1条を同条A（2）の「1951年1月1日前に生じた事件の結果として、かつ、」及び「これらの事件の結果として」という文言が除かれているものとみなした場合に同条の定義に該当するすべての者をいう。
3　この議定書は、この議定書の締約国によりいかなる地理的な制限もなしに適用される。（略）

3-2　日本の状況

　1981年に日本は難民条約と難民議定書に加入した。この加入の背景には、1970年代後半の、インドシナ3国（ベトナム・ラオス・カンボジア）の社会主義体制への移行がある。これにより難民が大量に流出し、日本は難民と深くかかわるようになった。そして、この加入により、法務省が難民認定の審査を行う

ことになった。

迫害を受けるおそれがあるという
十分に理由のある恐怖

日本の入管法にいう「難民」は、難民条約にいう難民と同義とされる（BOX：9-4）。そこで、「**迫害を受けるおそれがあるという十分に理由のある恐怖を有する**」という要件に含まれた「迫害」が何を意味するかが問題となる。

この点、日本の多くの裁判例は、難民の定義に含まれる「**迫害**」の意味を、通常人において受忍しえない苦痛をもたらす攻撃または圧迫であって、生命または身体の自由を侵害しまたは抑圧するものなどと解している。もっとも、UNHCR の『難民認定基準ハンドブック』や日本の外務省のパンフレット『難民条約』は、より広い解釈をとり、「生命または自由」の侵害や脅威のほか、「その他の人権の重大な侵害」も「迫害」にあたるとしている。

> **BOX：9-4　入管法2条3号の2**
>
> 　難民（とは）難民の地位に関する条約（以下「難民条約」という。）第1条の規定又は難民の地位に関する議定書第1条の規定により難民条約の適用を受ける難民をいう。

さて、難民は、その定義上、母国にいると迫害を受けてしまうという恐怖を有する存在である。このことからもわかるように、先にふれた**ノン・ルフールマン原則**は、難民と難民申請者（庇護希望者）の安全と保護にとってきわめて重要なものとなる。そして、この原則は、外国人の出入国に関する国家の裁量を制約する。この原則の下で、国家は、上記の5事由のために「生命又は自由」への脅威が生じるおそれがある国に難民を「追放」、「送還」してはならないのである（33条1項、BOX：9-5）。

ただ、すでに述べたように、そもそも日本での難民認定数は2019年の統計では44人であった。難民認定率は0.4％である。数字だけを見て単純な判断はで

きないが、日本では難民認定率がきわめて低いことに違いはない。人種差別撤廃委員会も、2018年の総括所見で、日本の難民認定率が非常に低いことを懸念している。

BOX：9-5　難民条約33条1項

　締約国は、難民を、いかなる方法によっても、人種、宗教、国籍若しくは特定の社会的集団の構成員であること又は政治的意見のためにその生命又は自由が脅威にさらされるおそれのある領域の国境へ追放し又は送還してはならない。

【学習ポイント】

　日本の難民認定率が低い理由を調べてみよう。

3-3　世界の状況

　世界の難民数などの情報を知るためには、UNHCR が毎年出している「グローバル・トレンド」が参考になる。その2016～2018年版によれば、世界の難民が毎年増えていることがわかる（図表9-1）。

図表9-1　世界における難民の数

年	難民数
2016年末時点	約2250万人
2017年末時点	約2540万人
2018年末時点	約2590万人

　2018年版によれば、世界のすべての難民の3分の2以上(67%)は、シリア（約670万人）、アフガニスタン（約270万人）、南スーダン（約230万人）、ミャンマー（約110万人）、ソマリア（約90万人）の5カ国から発生している。

　これに対して、難民の主要な受入れ国は、トルコ（約370万人）、パキスタン（約140万人）、ウガンダ（約120万人）、スーダン（約110万人）、ドイツ（110万人）である。

【学習ポイント】

　UNHCR の最新の「グローバル・トレンド」を見て、自分が気になった国で、なぜ難民が発生しているか、調べてみよう。

4　拷問等禁止条約

人に重い苦痛を故意に与える行為

難民の問題もそうであるが、国際社会の抱える深刻な問題に拷問の問題がある。

第二次世界大戦時の拷問や非人道的行為に対する反省から、世界人権宣言5条は拷問等を禁止し、自由権規約7条も拷問等を禁止することになった。もっとも、それにもかかわらず、特に1970年代にラテンアメリカ、アフリカ、アジアでは独裁政権などが拷問等を組織的に繰り返す事態が発生した。

それに対して国際社会から非難が集まり、アムネスティ・インターナショナルなどのNGOも積極的に働きかけ、拷問等禁止宣言が1975年に国連総会で採択された。この宣言を下敷きに、拷問等禁止条約が1984年に国連総会で採択された。ほぼ同時期に、米州拷問禁止条約（1985年）や欧州拷問等禁止条約（1987年）も成立している。日本は1999年に国連の拷問等禁止条約に加入した。

拷問等禁止条約は拷問を防止し、禁止している。この条約1条1項に定められた拷問の定義（BOX：9-6）は、先ほどの難民の定義もそうであったが、かなり長く分かりにくいものである。簡潔にいえば、「拷問」とは、情報・自白、処罰、脅迫・強要などを目的として、あるいは差別に基づく理由によって行われる、「**人に重い苦痛を故意に与える行為**」をいう。そして、ここでいう拷問は、「公務員その他の公的資格で行動する者」によって行われるものか、その扇動ないし同意・黙認によって行われるものを指す。

BOX：9-6　拷問等禁止条約1条1項
　この条約の適用上、「拷問」とは、身体的なものであるか精神的なものであるかを問わず人に重い苦痛を故意に与える行為であって、本人若しくは第三者から情報若しくは自白を得ること、本人若しくは第三者が行ったか若しくはその疑いがある行為について本人を罰すること、本人若しくは第三者を脅迫し若しくは強要することその他これらに類することを目的として又は何らかの差別に基づく理由によって、かつ、公務員その他の公的資格で行動する者により又はその扇動により若しくはその同意若しくは黙認の下に行われるものをいう。「拷問」には、合法的な制裁の限りで苦痛が生ずること又は合法的な制裁に固有の若しくは付随する苦痛を与えることを含まない。

　この条約の下で、国家は拷問防止のために効果的な措置をとらなければならない（2条1項）。たとえ戦争状態や緊急事態であっても、拷問は正当化できない（2条2項）。拷問の禁止は**絶対的**であり、**逸脱することができない**（ノン・デロゲーブル）とされているのだ（拷問禁止委員会一般的意見2）。

　このように拷問禁止は絶対的に保障されるため、国家は自ら拷問をしてはならないことは当然であるが、拷問がなされている他国に向けて送還等もしてはならない。すなわち、この条約は**ノン・ルフールマン原則**を定める。国家は、いかなる者についても拷問のおそれがある他国に追放したり、送還したり、引き渡したりしてはならないのである（3条1項、BOX：9-7）。

BOX：9-7　拷問等禁止条約3条1項
　締約国は、いずれの者をも、その者に対する拷問が行われるおそれがあると信ずるに足りる実質的な根拠がある他の国へ追放し、送還し又は引き渡してはならない。

5　難民条約と拷問等禁止条約の異同

　ノン・ルフールマン原則に関して、難民条約と拷問等禁止条約にどのような違いがあるだろうか。上述した内容を踏まえつつ、その違いを確認してみよ

う。

　第1に、ノン・ルフールマン原則の対象者は、難民条約では**難民**であり、拷問等禁止条約の場合は**すべての者**である。

　第2に、この原則の下で禁止される行為として、難民条約では**追放・送還**をしてはならず、拷問等禁止条約では**追放・送還・引渡し**をしてはならない。

　第3に、この原則は、どのような国への追放を禁止しているか。難民条約の下では、国家は**5事由**を理由に**生命・自由**に脅威が生じるおそれがある国に追放してはならない。これに対して、拷問等禁止条約の下では、国家は、**拷問**が行われるおそれがあると信ずるに足りる実質的な根拠がある国に追放してはならない。

　最後は、この原則に例外があるかどうかである。難民条約では、戦争犯罪や重大な犯罪を行った者や、国連の目的および原則に反する行為を行った者に対しては、この原則は適用されない。これに対して、拷問等禁止条約は、この原則に例外を設けていない。

6　ノン・ルフールマン原則と日本

　以上で述べたことから明らかなように、冒頭に登場したAさんが、迫害のおそれがある母国に戻らずにいられるためには、国際人権法に定めるノン・ルフールマン原則の遵守が不可欠となる。では、日本はこの原則をしっかりと守っているのだろうか。

　ここでは、拷問禁止委員会による日本の報告審査を見ることで、この問題を考えてみよう。

　これまでに拷問禁止委員会による報告審査は2回行われた。第1回審査は2007年、第2回審査は2013年である。それぞれ総括所見が採択されている。

　拷問禁止委員会は、2007

年の総括所見で、「入管法が、拷問の危険性のある国への退去強制を明示的に禁止していないこと」に懸念を示し、「退去強制対象者が拷問を受けるおそれがあると信じるに足りる相当な根拠がある国への退去強制を明確に禁止」するよう、日本に勧告した。

　ちなみに、2008年に自由権規約委員会も、日本に対する総括所見の中で、「2006年の入管法の一部を改正する法律が、庇護申請者を拷問の危険のある国へ送還することを明示的に禁止していないこと」などについて懸念を表明している。

　そのような経緯等もあり、2009年になって入管法53条3項は改正された（同1項、同2項は改正なし）。この改正により、本条項は拷問等禁止条約などに明示的に言及することになった。改正前と改正後の本条項の規定は、それぞれBOX：9-8とBOX：9-9を参照されたい。

BOX：9-8　入管法53条（2009年改正前）

1　退去強制を受ける者は、その者の国籍又は市民権の属する国に送還されるものとする。
2　前項の国に送還することができないときは、本人の希望により、左に掲げる国のいずれかに送還されるものとする。
　一　本邦に入国する直前に居住していた国
　二　本邦に入国する前に居住していたことのある国
　三　本邦に向けて船舶等に乗つた港の属する国
　四　出生地の属する国
　五　出生時にその出生地の属していた国
　六　その他の国
3　法務大臣が日本国の利益又は公安を著しく害すると認める場合を除き、前2項の国には難民条約第33条第1項に規定する領域の属する国を含まないものとする。

BOX：9-9　入管法53条（2009年改正後）

1　略
2　略
3　前二項の国には、次に掲げる国を含まないものとする。

> 一　難民条約第33条第１項に規定する領域の属する国（法務大臣が日本国の利益
> 　又は公安を著しく害すると認める場合を除く。）
> 二　拷問等禁止条約第３条第１項に規定する国
> 三　強制失踪条約第16条第１項に規定する国

　だが、実際には入管法の改正だけでは不十分であった。拷問禁止委員会は、2013年の総括所見で、「入管法53条３項の効果的な実施が欠如していること」に懸念を表明したのだ。そのうえで、委員会は勧告の中で「移民および庇護申請者の収容と退去強制に関する全ての法令および運用を、条約３条の下でのノン・ルフールマンの絶対的な原則に沿ったものとするよう、引き続き努力すること」を日本に求めた。

　このように、日本はノン・ルフールマン原則の遵守に関して、なお国際人権法上の課題を抱えている。今後、日本は委員会から求められている「努力」を具体的な結果にどう結び付けるか、委員会が日本の第３回審査でどのような評価を下すか、が注目される。

┌─【学習ポイント】─────────────────────────

　出入国管理政策懇談会（法務大臣の私的懇談会）の下に設けられた「収容・送還に関する専門部会」が、2020年６月19日に報告書「送還忌避・長期収容の解決に向けた提言」を公表した。国際人権法の観点からこの報告書を具体的に検討・評価してみよう。

送還忌避者の増加防止と長期収容の防止について検討する

「収容・送還に関する専門部会」

10章 国境を越えた者同士なのに何が違う?
──難民条約と移住労働者権利条約

1 はじめに考えてみよう

　旅行やビジネス、留学などさまざまな理由で、私たちは国籍国から外国へ移動する。その移動は自発的な場合もあれば、不本意で強制的な場合もある。いずれの場合も、5章でも取り上げたように、私たちは決して「自由に」国境を移動できているわけではない。国際法上、一般的に、国家は外国人を入国させる義務はなく、外国人の入国の許否について裁量がある。また、国家は、その主権のもとにある外国人に対して、どのような処遇を行うのかについても裁量をもっている。しかし、このように外国人に対する国民と異なる取扱いを認めつつも、国際人権法は締約国に対してその管轄下にある外国人に一定の保護を与えるよう求めてきた。

アサド政権に対する市民のデモ活動から始まった内戦は、2014年に過激派組織イスラーム国(IS)が加わり状況が悪化。人口約2100万人のシリアにおいて、2017年段階で、強制的に移住させられた人は1260万人に、うち「難民」は630万人と推定された(UNHCR)。

　たとえば、2015年頃の欧州難民危機を覚えているだろうか。内戦の続くシリアからの大勢の人びとが小さな船に乗り込み命の危険と直面しながら地中海を渡りヨーロッパを目指す、そんな映像が何度もテレビに流れたのを記憶している人も多いだろう。これらのシリア人のなかには、「難民」として日本に庇護を求めた人びともいた。

> **Box：10-1　シリア難民不認定訴訟（2018年東京地裁判決）**
>
> 　内戦の続くシリア・アラブ共和国の国籍を有する4名は、それぞれ難民認定申請を行ったが、法務大臣から難民の認定をしない処分を受けた。難民認定しない旨の処分の無効確認または処分の取り消しを求めるとともに、難民認定の義務付けを求めて、裁判に訴えた。
>
> 　なお、うち1名のクルド民族系の家系に属する者は、弟2名が英国において難民認定を受けている。

　シリア・アラブ共和国から逃れてきた人びとは「難民」として認められたのだろうか。難民として認定されればどのような保護があるのだろうか。

　一方で難民としてではなく、労働者として働くために、国境を越えて日本にやってくる外国人もいる。国籍国以外の国で働く外国人らにはどのような保護があるのだろうか。

> **Box：10-2　技能実習生賃金等請求事件（2011年東京地裁判決）**
>
> 　原告は中国国籍の者で、外国人研修・技能実習制度に基づいて来日し、被告企業の寮に居住しながら工場で鉄筋加工の業務に従事した。技能実習期間の基本賃金は月額12万2000円で、原告らは、日本人従業員とおおむね同等の労務に従事していた。また勤務日、勤務時間は、時間外勤務や休日勤務も含め、日本人従業員と異ならなかった。寮費については、技能実習生となって以降は3万3000円、その翌年は2万3000円を控除された。なお、被告における日本人労働者の初任給は約18万円であり、また日本人労働者の寮費は1万円であった。原告らは、主張の中で、労働基準法3条に違反するとして、日本人従業員との賃金の差額分を求めた。

> **Box：10-3　労働基準法3条**
>
> 　使用者は、労働者の国籍、信条又は社会的身分を理由として、賃金、労働時間その他の労働条件について、差別的取扱をしてはならない。

　Box：10-2でふれた外国人技能実習制度は、技能、技術または知識の発展途上国などへの移転を図り、発展途上国などの経済発展を担う「人づくり」に協力することを目的に、1993年に制度化された。2019年6月末において在留外

国人の数は282万9416人、そのうち技能実習生は36万7709人で全体の約13％を占めている。外国人技能実習制度は国際貢献という目的をもちながら、実際には人手が不足した企業での安価な労働力を提供してきたとされる。

【学習ポイント】

　「難民」と聞いたときにどのようなイメージをもつだろうか。言い換えれば、難民とはどのような人なのだろうか。また、日常生活の中で見かける外国人（実際に出会う外国人、または図書、テレビやインターネットなどを介して出会う外国人などを思い起してほしい）とは何が同じで、何が違うのだろうか（もちろん、読者の中には自身が外国人であるという人もいるだろう。自分自身と難民とは何が同じで何が異なるのかを考えてみてもよい）。

　学習ポイントの結果はどうだっただろうか。私たちは、本章冒頭に紹介したような紛争を理由に国を離れざるをえなかった人びとを「難民」のイメージとしてもっており、大学で出会う留学生やコンビニのレジを担当する外国人店員、日本企業で実習を行う技能実習生など、私たちが日常生活で出会う「移住労働者」とはなんとなく異なる存在だと感じる。「難民」と「移住労働者」は何が異なり、その保護はどう異なるのだろうか。

2　難民条約とは？

　歴史的に、国家は国籍国からの迫害を逃れてきた個人を領域内に庇護（**領域内庇護**）したり、大使館や領事館などで庇護（**外交的庇護**）したりしてきた。領域主権から生じる国家の裁量にもとづく庇護から一歩進んで、条約にもとづく難民の国際的保護、そして難民問題の解決に向けた国際協力の推進を実現しようと締結されたのが難民条約である。難民条約に関する9章の内容を踏まえて、さらに展開させていこう。

2-1　難民に与えられる保護とは
　難民条約が定義する難民とは、3つの要件、すなわち①**迫害の恐怖**、②**国籍**

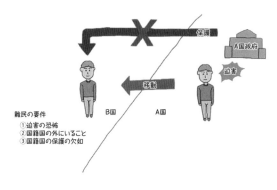

国の外にいること、③国籍
国の保護の欠如を満たす外
国人をいう。

　難民と認められれば、締
約国は領域内に滞在する難
民に対し一定の待遇や権利
を保障する。たとえば、動
産・不動産の所有や賃貸借
に関して一般的な外国人の
待遇よりも不利でない待遇が保障され（13条）、就労については外国人に与え
る待遇のうち最も有利な待遇が保障される（17条）。また国の安定または公の
秩序を理由とする場合以外に難民を追放してはならない（32条）

2-2　「迫害」要件の妥当性

　ところで、難民条約の規定する難民の要件は、移動を強いられ、国際的保護
を必要とする人びとの状況（たとえば、冒頭に紹介した「欧州難民危機」を振り返っ
てみてもらいたい）を考えた場合に、妥当なのだろうか。

　難民の第一要件である「迫害」は、人種、宗教、国籍、特定の社会的集団の
構成員、政治的意見を理由としたものとされている。しかし、人びとが移動を
強いられる原因は「迫害」に限られない。そこで、アフリカ難民条約（1969年）
やEU資格指令（2011/95/EU、2011年）で、難民条約の難民の迫害要件は満た
さないが、出身国において「重大な危害」を受ける者に保護が与えられる場合
もある。

2-3　「国籍国の外にいること」要件の妥当性──国内避難民

　さらに、難民の「国籍国の外にいること」という要件に関しては、移動を強
いられたものの、国境を越えられない（越えない）人びともいるだろう。冒頭
の「欧州難民危機」に関するUNHCR年次報告では国境を越えられない人び
とは620万人にのぼる。このような人びとは難民に当たらず、保護を受けられ
ないことになってしまうのだろうか。

　この点に関して、1992年に任命されたF.M.デン国連事務総長特別代表に
よって起草され、1998年に国連人権委員会で承認された「国内避難に関する指
導原則」がある。この指導原則は2005年9月の世界サミット成果文書の中で、
国内避難民の保護に関する重要な国際的枠組であると確認された。指導原則で
は、次のような人びとを「**国内避難民**」であるとしている。

> **Box：10-4　国内避難に関する指導原則**
> 2．本原則の適用上、国内避難民とは、自らの住居又は常居所地から、特に武力紛
> 争の影響、暴力が一般化した状況、人権侵害又は天災若しくは人災の結果として、
> 又はこれらを避けるために、避難すること若しくは離れることを強制され、若しく
> は余儀なくされた個人又は個人の集団で、国際的に認知された国境を越えていない
> ものをいう。

　原則では、強制移動からの人びとの保護に関して、そして強制移動の間や帰
還・再定住・再統合の過程における人びとの保護および援助に関しての権利お
よび保障を規定するとともに、領域国の国内避難民に対する保護と援助の第一
義的な義務と責任を明記している。

2-4　難民認定手続

　以上で確認してきたように、難民条約では難民の定義を規定するが、難民を
認定するためにどのような手続を設けるかは国家の立法裁量である。日本は
1982年に難民条約の締約国になったが、**出入国管理及び難民認定法**によって**難
民認定手続**を定めている。本法では難民条約の定義と同義であるとしたうえ
で、ある個人が条約の定義を満たす難民であるか否かについての認定は、提出
された資料にもとづき、法務大臣が行う。日本では難民であることの**立証責任**
は原則として申請者本人にある。

　なお、締約国は、ある個人を難民と認定したとしても、当該個人を受け入れ
る義務を負うものではない。ただし「**ノン・ルフールマンの原則**」（⇒9章）に
もとづき、生命または自由が脅威にさらされるおそれのある領域の国境への追
放または送還は禁止される。

3　事例について考えてみよう

Box：10-5　シリア難民不認定訴訟（2018年東京地裁判決）

　そのうち1名は、クルド民族系の家系に属する者で、2012年1月頃から、シリアで行われたデモに週2回程度参加するようになった。しかし、デモに参加したことを理由に懲役刑に処する判決がされたと認めることはできない。シリア政府がクルド人を平和的な反政府デモに参加したという理由で迫害したとか迫害しようとしていると認めるに足りる証拠はない。弟2名が英国において難民認定を受けているが、これは本人の難民該当性を基礎づけるものではない。以上の事実から総合してみても、本人が迫害の恐怖を抱くような客観的事情を認めることはできず、当該者が難民に該当すると認めることはできない。したがって、処分は適法である。

　このように裁判所は、シリア政府がクルド人を平和的な反政府デモへの参加を理由に迫害した（する）ことの証拠を申請者が示せておらず、ゆえに本人が迫害の恐怖を抱くような客観的事情がないので難民には当たらないとした。

　立証責任を誰が負うかなど難民申請の認定手続は国家の裁量の下にあり、同じ状況にあったと思われるシリア兄弟が、英国では難民と認められ、日本では難民と認められないということは当然ありうる。しかしながら、英国では、他の難民申請の審査の際にも影響力をもつ画期的な国別指針判決と、シリア難民の保護を強化するさまざまな指針が出された結果、9割以上のシリア人が条約難民として保護されているという。また、UNHCRは、『難民認定基準ハンドブック（改訂版）』において、申請者に立証責任があるのが一般的な法原則であるが、証拠によって自らの供述を裏付けることができない場合もあるため、「申請者の供述が信憑性を有すると思われるときは、当該事実が存在しないとする十分な理由がない限り、申請者が供述する事実は存在するものとして扱われるべきである」とし、「疑わしきは申請者の利益に」の原則（灰色の利益）を適用すべきものとしている。

4　移住労働者権利条約とは？

　難民が国籍国からの保護がないことから国際的な保護が必要であるとされた
のに対し、**移住労働者とその家族**は就業国で脆弱な立場におかれ、差別的な取
扱い、不当な労働条件、仲介者による搾取などのさまざまな困難に直面してい
ることから、国際的な保護の必要性が叫ばれるようになった。その国際的保護
を規定したのが**移住労働者権利条約**（以下、条約とする）である。1990年に国連
総会で成立し、2003年に発効した。中核的な人権条約のひとつであるが、締約
国数は55（2020年9月末現在）に留まっている。締約国の多くはアフリカや中南
米といった送り出し国であり、北米やヨーロッパとともに、日本は本条約を署
名・批准していない。条約では移住労働者を次の通りに定義する。

┌──────────────────────────────────────┐

Box：10-6　移住労働者権利条約2条1項

　「移住労働者」とは、その者が国籍を有しない国で、有給の活動に従事する予定
であるか、またはこれに従事する者をいう。

└──────────────────────────────────────┘

┌──────────────────────────────────────┐

Box：10-7　移住労働者権利条約5条

　この条約の適用上、移住労働者とその家族は、

（a）就業国の法律及びその国が加盟している国際合意によって、入国、滞在、有給
　　活動への従事が認められたときは、正しく登録された、あるいは正規な法律上

└──────────────────────────────────────┘

の地位にあるものとみなされる。
（b）（a）項の条件を満たさないときは、正しく登録されていない、あるいは不正規な法律上の地位にあるものとみなされる。

条約が保護する移住労働者
＝適法だけでなく不法な状況にある外国人労働者も保護の対象

条約規定の適用	在留資格を有する移住労働者と家族	在留資格のない（不法な状況にある）移住労働者と家族
第2部　差別なき権利の保障 第3部　基本的人権	○	○
第4部　追加的な権利 第5部　特定の形態の労働者に関する規定	○	×

第4部
第39条
就業国の領域内で
移動の自由と居住地を
選択する自由

条約でいう移住労働者とは「有給の活動に従事する」目的で、自らの意思で自国外に移動を行う人びとである（日本では、移住労働者より、外国人労働者と言い換えた方が馴染み深いかもしれない）。条約では、移住労働者本人とともにその家族も保護の対象となっていること、また5条にあるように正規の在留資格をもたない「不法な状況にある者」の権利の保護も条約の対象であることに注意が必要である。もっとも、適法状況にある場合と、不法状況にある場合とでは、条約上保護される権利の範囲が異なっている。さらに、不正規な法的地位の移住労働者の合法化のために締約国は措置をとる必要がある（69条）。

　移住労働者権利条約の締約国は、移住労働者の国際的保護として、領域内または管轄下にあるすべての移住労働者とその家族に対して、差別なく、本条約が規定する権利を保障する義務を負う。条約上の権利は、生命への権利（9条）から、医療を受ける権利（28条）、在留終了時に所得、貯蓄、家財や所持品を移送する権利（32条）など多岐にわたる。25条1項では、移住労働者の報酬などの労働条件を保護している。

Box：10-8　移住労働者権利条約25条1項

　移住労働者は、報酬及び以下の点で、就業国の国民に適用される待遇よりも不利に扱われることはない。

(a) 他の労働条件、すなわち、超過勤務、労働時間、週休、有給休暇、安全、保健、雇用関係の終了その他その国の法律と慣行で労働条件に含まれるとされているもの……

　日本は本条約を批准していないが、25条1項に照らして考えてみると、外国人労働者の報酬など労働条件は、日本の労働法で日本人に対し保障されるものを下回ってはならないことになる。この点、労働基準法3条は、使用者が労働者の国籍を理由とする賃金、その他労働条件で差別を行うことを禁止している。では、裁判所の労働基準法3条を通じた判断によって、移住労働者権利条約25条1項が規定するような待遇が実現されているのだろうか。次の事例をみてみよう。

5　事例について考えてみよう

　条約の定義によれば、移住労働者（外国人労働者）には日本の外国人技能実習生も含まれる。外国人技能実習制度の発足当初は、来日1年目は研修で就労（報酬を受ける活動）ではないため、研修生は労働者ではなかった。2009年の入管法の改正で研修期間は廃止され、来日1年目より労働法規が適用される労働者となった。では、同じ労働者である技能実習生と日本人従業員の処遇の間に差がある場合はどうなるのだろうか。

5-1　技能実習契約にもとづく日本人との賃金格差は労働基準法3条に違反するか

Box：10-9　技能実習生賃金等請求事件（2011年東京地裁判決）

日本人労働者の場合
初任給（月額）18万円
寮費1万円

外国人技術実習生の場合
月額　　12万2000円
寮費　　3万3000円
（翌年2万3000円）

工場に同じラインで、
日本人と外国人技術実習生が働く

　　　　　　　　　　　　　　　　　原告らの労働内容につ
いて見ると、（中略）、少
なくとも、1年間の研修
期間を経た技能実習段階
においては、原告らは、
日本人従業員とおおむね
同等の作業に従事してい
たものと認められる。そ
うすると、（中略）、賃金
格差の理由を、労働内容
の差に見出すことは困難
であるから、これが労働
基準法3条に違反しない
というためには、当該格

差を正当化するに足りる合理的な理由がなければならないものと解される。

　外国人研修・技能実習生を最終的に受け入れる被告等の第2次受入機関におい
て、相当のコストを負担しなければ成り立たない制度であることは自明であるか
ら、仮に日本人従業員の賃金額との間にある程度の格差があったとしても、そうし
た制度の特質に基づく合理的な差であると認められれば、労働基準法3条の解釈
上、当該格差は許容されるものと解される。

　以上から、本件では、原告らが必ずしも十分な日本語能力を有せず、その点で日
本人従業員と完全に同等の業務遂行能力を有していたとまでは認めがたいこと、外
国人研修生・技能実習生を受け入れるために、被告が有形無形の負担をしているこ
とができることから、技能実習契約により、賃金格差（原告らの賃金額は日本人従
業員の賃金額の約74％に相当）が生じる結果になったとしても、合理的な範囲内に
あると解することができるから、労働基準法3条違反……には当たらないと言うべ
きである。

5-2　住宅費・水道光熱費の控除が労働基準法3条に違反するか

Box：10-10　技能実習生賃金等請求事件（2011年東京地裁判決）

　住宅費・水道光熱費（いわゆる寮費）について、原告らと日本人従業員との間に
は、比率にして3.3倍ないし2.3倍の著しい格差があった。

　被告は、①原告らに対しては、日本人従業員と異なり、炊事・家事用品、布団等

を無償で提供していること、②日本人従業員は自炊をしないので厨房を使用しないが、原告らは毎日自炊し、厨房を日常的に使用しているので、厨房等の清掃のため被告は清掃員を雇用していることを主張するが、上記格差の理由としては甚だ不十分なものと言わざるを得ない。

以上に加え、①従業員寮については、本来、従業員の福利厚生のための施設として、利用者に対し平等に利用料を負担させるべき性質を有すると解されること、②原告らの技能実習期間中の賃金は埼玉県内の最低賃金を僅かに超えるにすぎない額であったと見られるところ、原告らに過大な寮費を課すことにより、最低賃金法による制限を潜脱することにもなりかねないこと等の事業を考え併せれば、住宅費・水道光熱費の負担額について、（中略）多大な格差を設けることを許容する余地はないと言うべきであり……労働基準法3条に反する。

　以上のように、裁判所は寮費（住宅費・水道光熱費）の控除に関する日本人労働者と外国人労働者の間の格差については労働基準法3条違反をみとめたが、賃金格差については日本人労働者と外国人労働者では労働内容は同等であるものの、業務遂行能力は同等であったと認めがたく、そして外国人労働者の受け入れで企業側が行う有形無形の負担を考慮して、賃金格差は合理的範囲内とし、労働基準法3条の違反には当たらないとした。

【学習ポイント】

　日本では、入国管理及び難民認定法が改正され、2019年4月から在留資格「特定技能」が新設された。この「特定技能」の在留資格で就業できるのは、介護、ビルクリーニング、電気・電子情報関連産業、建設、宿泊など14の分野であり、政府の試算によると今後5年間で最大34万5000人の外国人労働者を受け入れるという。外国人労働者は単なる労働力ではない。外国人労働者のみならず、その家族を含めた人権基準を設定した移住労働者権利条約の視点が必要なのではないだろうか。

　最後に、移住労働者と難民の境界線を考えてみたい。シリアからの大量難民の個々の事例をみてみると、実際の移動の原因・理由は複数かつ複合的なものであり、強制移動か自発的移動か、判断の難しい場合がある。こう考えると、「難民（迫害により強制的に移動させられた人びと）」と「移民（就労目的の移住労働

者を含む、自発的に移動する人びと）」の境界線は相対化されてくる。大量難民という問題に直面し、2016年9月、国連総会は、移民と難民は共通の課題や同様の脆弱性を抱えていることを理解し、国際支援を重視し包括的に取り組んでいくことを「難民および移民に関するニューヨーク宣言」として決議した。この宣言は、さらに2018年末に、「難民に関するグローバル・コンパクト」および「安全で秩序ある正規の移住のためのグローバル・コンパクト」として採択され、補完的な国際協力枠組みが示されている。

3部

国際人権法の実現方法

11章 条約は国内の裁判でも使えるの？

1 はじめに考えてみよう

　都内在住のAさんは旅行が大好きだ。月に一度、全国の名所を友達と一緒に訪れる。彼は日本国籍をもっているが、両親は外国の出身で、彼の外見は日本人には見えなかった。

　ある日、Aさんは友達と一緒に新宿駅から特急列車に乗った。最近評判を呼んでいる近郊の温泉施設に向かうためだ。1カ月前に予約した。待ち遠しかった日がようやく来たのだ。

　しかし現地に到着し、いざ温泉施設に入ろうとしたとき、店主が「外国の人はお断りしています」といってきた。店主は以前に外国人ともめたことがあった。それ以来、「外国人の入店はお断り」と記した札を入口に貼っていたのだ。

　自分は何も悪いことはしていない。それなのに拒否されるのはおかしいではないか。Aさんはそう思ったが、店主とケンカはしたくなかった。仕方なく温泉施設を後にした。

　その帰り道、友達が「やっぱりあれはおかしい」とつぶやいた。「条約に違反しているんじゃないの」。「店主を訴えよう」。友達はすこし前に大学で国際人権法の授業を受けたばかりであった。人種差別撤廃条約は人種や皮膚の色による区別や排除を禁止している（⇒5章）。そう教員が言ったのをふと思い出したのだ。

　Aさんは「でも、条約って国際法でしょ。日本の裁判所で使えるのかな」と聞き返した。友達は「うーん」としばし考えて、「わからない」と答えた。

　さて、この話を読んでみて、読者のみなさんはどう思われただろう。「店主

はひどい人だ」、「でも、訴えるのはいきすぎだ」、「いや、訴えなきゃダメだ」
など、さまざまな意見が出るかもしれない。だが、本章ではＡさんが発した
素朴な疑問、そもそも条約は日本国内の裁判所で使えるのか、という問題に着
目してみたい。

2　条約の国内的効力

　条約は、日本（という1国）で制定される法律とは異なり、国家と国家の間
で交わされた約束（国際約束）である（⇒プロローグ）。では、そのような国家間
の法（国際法）である条約は、日本において国内（法）的な効力をもつのだろ
うか。

　この点、そもそも条約が国内法上の効力をもつかという問題は、基本的に各
国の（憲法上の）判断に委ねられている。そして、一般に国家が条約に国内的
効力を認める方法は2つある。**変型方式**と**受容方式**である。

　イギリスやカナダなどは変型方式を採用している。この方式では、条約が国
内的効力をもつには、条約の内容を法律として変型することが必要となる。こ
れに対して、日本はアメリカと同様、受容方式を採用している。この方式で
は、条約は、その締結手続を経れば、そのまま国内法として受容され、国内法
の一部をなす。日本では基本的に批准・公布するだけで条約は国内的効力をも
つ。その根拠は**日本国憲法98条2項**に求められる（BOX：11-1）。

BOX：11-1　日本国憲法98条2項
　日本国が締結した条約及び確立された国際法規は、これを誠実に遵守することを
必要とする。

　では、このように国内法として受容された条
約と、日本国憲法や法律との間の優劣関係はど
うなるのだろうか。日本の場合、基本的に条約
は**憲法よりも下位**で**法律よりも上位**の位置にあ
る。つまり、条約は憲法と法律の間に位置する

のである。

3　立法措置と司法措置

　ところで、条約は国家に対して、さまざまな**措置**（measures）を講じること
を求めている。たとえば、子どもの権利条約や女性差別撤廃条約、障害者権利
条約の規定を見てほしい（BOX：11-2；11-3；11-4）。

BOX：11-2　子どもの権利条約

4条　　　締約国は、この条約において認められる権利の実現のため、**すべての適**
　　　　当な立法措置、行政措置その他の措置を講ずる。

24条3項　締約国は、子どもの健康を害するような伝統的な慣行を廃止するため、
　　　　効果的かつ適当なすべての措置をとる。

BOX：11-3　女性差別撤廃条約

2条(b)　女性に対するすべての差別を禁止する**適当な立法その他の措置**（適当な場
　　　　合には制裁を含む。）をとること。

2条(e)　個人、団体又は企業による女性に対する差別を撤廃するための**すべての適**
　　　　当な措置をとること。

BOX：11-4　障害者権利条約

4条1項(a)　この条約において認められる権利の実現のため、**すべての適当な立法**
　　　　　措置、行政措置その他の措置をとること。

4条1項(e)　いかなる個人、団体又は民間企業による障害に基づく差別も撤廃する
　　　　　ための**すべての適当な措置**をとること。

　ここでは立法措置と司法措置に着目してみたい。

　まず、**立法措置**。たとえば女性差別撤廃条約や障害者権利条約は、差別を解
消するよう国家に義務を課す。国家がこの義務を効果的に履行するためには差
別禁止法を制定するなど立法措置をとることが重要となる。そのような国内的

な差別禁止立法の意義はさまざまな観点から指摘できるが、ここではそのひとつとして私人による差別を規制する意義を指摘しておきたい。

そもそも、条約は国家を名宛人とし、国家に義務を課す。条約は私人ないし国民を名宛人とせず、民間の事業者・事業主に対して差別禁止義務を直接課さない。つまり、条約は、私人に一定の行為を命令したり禁止したりするルール（**行為規範**）として、私人の行為を直接規律する、というようなものではない。

もっとも、条約は私人間の差別の撤廃をも国家に義務づけているため、国家は当該義務規定を着実に国内で実施するための法律（**担保法**）を整備することにより、私人に差別禁止義務を直接課し、私人が何をしなければならないか、何をしてはならないか、を明確にする必要がある。

また、担保法が差別禁止義務の遵守を私人に求める（私人の活動を制約する）にあたっては、行政機関の権限行使の根拠や手続、限界を立法的に手当てしておく必要もある。そうした差別禁止立法の例としては、日本が女性差別撤廃条約を締結したときの男女雇用機会均等法（勤労婦人福祉法の改正法）や、障害者権利条約を締結したときの障害者差別解消法などが挙げられる。

また、国家が条約上の義務を誠実に遵守するためには、そのような立法措置とともに、**司法措置**（国内裁判所による条約の解釈・適用）も重要となる。BOX：11-2；11-3；11-4において見られる「すべての措置」や「その他の措置」という文言には司法措置も当然含まれると解される。

4　裁判規範としての条約

司法措置に関しては、そもそも条約が、国内において裁判の規準となるルール（**裁判規範**）として認められるかが問題となる。すなわち、日本の裁判所は、条約を国内裁判の際の規準として用いて、国内の法令や処分等が条約に違反するかどうか（条約適合性）を判断できるだろうか。

結論としては、条約は日本の裁判所において裁判規範となりうる。条約は国内の裁判で使えるということだ。具体例として、ここでは**大麻取締法等違反被告事件**を取り上げよう。この事件で、ナイジェリア国籍の被告人は横浜地裁で有罪宣告を受け、東京高裁に控訴した。東京高裁は、通訳費用の負担を被告人

に命じた横浜地裁判決を破棄し、「裁判所において使用される言語を理解すること又は話すことができない場合には、無料で通訳の援助を受けること」（自由権規約14条3項(f)）の保障は「無条件かつ絶対的なもの」であるとした。以下、判旨の一部を抜粋する（BOX：11-5）。

BOX：11-5　大麻取締法等違反被告事件（1993年東京高裁判決）

　第一に、通訳の援助を受ける権利は、わが国内において自力執行力を有するものと解される国際人権B規約によって初めて成文上の根拠を持つに至ったものであって、これまでのわが国内法の知らないところである。（中略）

　第四に、「無料で」とされるのは、被告人が「十分な支払手段を有しないとき」に限られない。被告人に支払能力があると否とにかかわらず、無料とされるのである。（中略）

　以上を総合すると、国際人権B規約14条3（f）に規定する「無料で通訳の援助を受けること」の保障は無条件かつ絶対的なものであって、裁判の結果被告人が有罪とされ、刑の言渡しを受けた場合であっても、刑訴法181条1項本文により被告人に通訳に要した費用の負担を命じることは許されないと解するを相当とする。

5　私人間の紛争と条約

　ところで、私人と私人の間の紛争では、故意または過失により他人の権利・利益を侵害した場合には損害賠償義務を負う、と定める民法709条（不法行為法）等の私法が直接適用される。条約はそのような私人間の関係を直接規律するものではない、ということは先に述べたとおりである。ただし、私法の諸規定の解釈基準として条約が用いられることがある。この意味でも条約は国内の裁判において使えるといえよう。

　条約が不法行為法の解釈基準として用いられる端緒となった事件に**宝石店入店拒否事件**（1999年）がある。浜松市在住のブラジル人である原告が宝石店に

来たのだが、店主らが原告に「外国人お断り」の張り紙などを見せて、原告の退去を求めた。そこで原告が宝石店を相手取って訴えたというのが、この事件である。

　この事件で、静岡地裁浜松支部は「本件のような個人に対する不法行為に基く損害賠償請求の場合には、右条約（人種差別撤廃条約——引用者）の実体規定が不法行為の要件の解釈基準として作用するものと考えられる」と説示し、宝石店の経営者側に損害賠償を命じた。

　この判決の後にまた別の重要な事件が現れた。北海道の小樽市で公衆浴場を経営する者（被告）が「外国人の方の入場をお断りします」という張り紙を掲げて、原告ら（アメリカ人ほか）の入店を拒否した**小樽入浴拒否事件**である。

　この事件で札幌地裁は自由権規約（国際人権B規約）や人種差別撤廃条約が私法の諸規定の解釈基準となりうる、と判断した。そして札幌地裁は、本件の入浴拒否は不合理な差別であり不法行為にあたる、とした。やや長い引用となるが、この判決文の抜粋（BOX：11-6）を一読していただきたい。

BOX：11-6　小樽入浴拒否事件（2002年札幌地裁判決）
（1）原告ら（アメリカ人ほか——引用者）は、被告A（公衆浴場であるOを経営している株式会社——引用者）による本件入浴拒否は、憲法14条1項、国際人権B規約26条、人種差別撤廃条約5条（f）、6条及び公衆浴場法に反して違法である旨主張する。しかし、憲法14条1項は、**公権力と個人との間の関係を規律するもの**であって、原告らと被告Aとの間のような私人相互の間の関係を直接規律するものではないというべきであり、実質的に考えても、同条項を私人間に直接適用すれば、**私的自治の原則**から本来自由な決定が許容される私的な生活領域を不当に狭めてしまう結果となる。また、国際人権B規約及び人種差別撤廃条約は、**国内法としての効力**を有するとしても、その規定内容からして、憲法と同様に、**公権力と個人との間**の関係を規律し、又は、国家の国際責任を規定するものであって、**私人相互の間**の関係を直接規律するものではない。そして、公衆浴場法は、公衆衛生を保持するために公衆浴場の配置基準を定め、公衆浴場業の営業を許可制とするものであって、本件入浴拒否のような、公衆浴場の公衆衛生の保持とは直接関係のない行為についての適法性を判断する根拠とはなりえない。したがって、原告らの上記主張は採用することができない。
（2）私人相互の関係については、上記のとおり、憲法14条1項、国際人権B規約、人種差別撤廃条約等が直接適用されることはないけれども、私人の行為によって他

の私人の基本的な自由や平等が具体的に侵害され又はそのおそれがあり、かつ、それが社会的に許容しうる限度を超えていると評価されるときは、私的自治に対する一般的制限規定である民法1条、90条や不法行為に関する諸規定等により、私人による個人の基本的な自由や平等に対する侵害を無効ないし違法として私人の利益を保護すべきである。そして、憲法14条1項、国際人権B規約及び人種差別撤廃条約は、前記のような私法の諸規定の解釈にあたっての基準の一つとなりうる。

　　　これを本件入浴拒否についてみると、本件入浴拒否は、Ｏ（被告Ａの経営する公衆浴場——引用者）の入口には外国人の入浴を拒否する旨の張り紙が掲示されていたことからして、国籍による区別のようにもみえるが、外見上国籍の区別ができない場合もあることや、第2入浴拒否（2000年10月31日の入浴拒否——引用者）においては、日本国籍を取得した原告Ｊが拒否されていることからすれば、実質的には、日本国籍の有無という国籍による区別ではなく、外見が外国人にみえるという、人種、皮膚の色、世系又は民族的若しくは種族的出身に基づく区別、制限であると認められ、憲法14条1項、国際人権B規約26条、人種差別撤廃条約の趣旨に照らし、私人間においても撤廃されるべき人種差別にあたるというべきである。

　ところで、被告Ａには、Ｏに関して、財産権の保障に基づく営業の自由が認められている。しかし、Ｏは、公衆浴場法による北海道知事の許可を受けて経営されている公衆浴場であり、公衆衛生の維持向上に資するものであって、公共性を有するものといえる。そして、その利用者は、相応の料金の負担により、家庭の浴室にはない快適さを伴った入浴をし、清潔さを維持することができるのであり、公衆浴場である限り、希望する者は、国籍、人種を問わず、その利用が認められるべきである。もっとも、公衆浴場といえども、他の利用者に迷惑をかける利用者に対しては、利用を拒否し、退場を求めることが許されるのは当然である。したがって、被告Ａは、入浴マナーに従わない者に対しては、入浴マナーを指導し、それでも入浴マナーを守らない場合は、被告小樽市や警察等の協力を要請するなどして、マナー違反者を退場させるべきであり、また、入場前から酒に酔っている者の入場や酒類を携帯しての入場を断るべきであった。たしかに、これらの方法の実行が容易でない場合があることは否定できないが、公衆浴場の公共性に照らすと、被告Ａは、可能な限りの努力をもって上記方法を実行すべきであったといえる。そして、その実行が容易でない場合があるからといって、安易にすべての外国人の利用を一律に拒

否するのは明らかに合理性を欠くものというべきである。しかも、入浴を希望した原告らについては、他の利用者に迷惑をかけるおそれは全く窺えなかったものである。

したがって、外国人一律入浴拒否の方法によってなされた本件入浴拒否は、不合理な差別であって、社会的に許容しうる限度を超えているものといえるから、違法であって不法行為にあたる。

　この小樽入浴拒否事件を一部参考にして作ったのが本章の冒頭でみた A さんの事例である。この事例では、A さんの見た目が外国人だったので温泉施設から入場を拒否されたことが問題となった。A さんと温泉施設はどちらも私人であるので私人間の紛争だ。この紛争に直接適用されるのは私法（不法行為法）である。その解釈基準として人種差別撤廃条約を使うことができるのである。

【学習ポイント】

　小樽入浴拒否事件で、原告らは、被告 A による本件入浴拒否は国際人権 B 規約26条や人種差別撤廃条約 5 条（f）に反して違法である、と主張した。だが、裁判所はこの原告らの主張を認めなかった。その理由を考えてみよう。

　また、この事件で、裁判所は、本件入浴拒否が不合理な差別であって不法行為にあたると判断した。その理由を考えてみよう。

　また、同じく私人間での人種差別が問題となった事例として、**5 章**で取り上げた京都朝鮮学校ヘイトスピーチ事件が挙げられる（BOX：11-7）。興味深いことに、この事件で京都地裁判決は、人種差別撤廃条約 2 条 1 項（個人・団体等の人種差別の禁止・終了）と同 6 条（人種差別への効果的な救済）は「締約国の裁判所に対し、その名宛人として直接に義務を負わせる規定であると解」して、「わが国の裁判所は、人種差別撤廃条約上、法律を同条約の定めに適合するように解釈する責務を負う」と説示したのであるが、このような説示は本件控訴審（大阪高裁）判決には見られなかった。

BOX：11-7　京都朝鮮学校ヘイトスピーチ事件（2014年大阪高裁判決）

　一般に私人の表現行為は憲法21条1項の表現の自由として保障されるものであるが、私人間において一定の集団に属する者の全体に対する人種差別的な発言が行われた場合には、上記発言が、憲法13条、14条1項や人種差別撤廃条約の趣旨に照らし、合理的理由を欠き、社会的に許容し得る範囲を超えて、他人の法的利益を侵害すると認められるときは、民法709条にいう「他人の権利又は法律上保護される利益を侵害した」との要件を満たすと解すべきであり、これによって生じた損害を加害者に賠償させることを通じて、人種差別を撤廃すべきものとする人種差別撤廃条約の趣旨を私人間においても実現すべきものである。

12章　国家報告に効き目はあるの？

1　はじめに考えてみよう

《議長》

《政府代表》

《委員》

2018年8月にジュネーヴの国連欧州本部で**人種差別撤廃委員会**が開かれ、**人種差別撤廃条約を日本が守っているか**が審査された。Box：12-1はその審査結果の一部である。

この審査では、**ヘイトスピーチ、アイヌ民族**、琉球・沖縄の人たち、旧植民地出身者とその子孫、外国籍者、移住者、難民のようなマイノリティへの差別・人権侵害などが取り上げられ、日本政府と人種差別撤廃委員会との間で、条約の国内実施を促すための**建設的対話**がなされた。

難民（⇒9、10章）やアイヌ民族などのマイノリティをめぐる人権問題に関しては、国会、内閣、最高裁判所や自治体が日常的に取り組んでおり、NGOなどの市民社会団体もこれらの活動を監視し、支援している。こうした国内での人権保障の取組みに加え、日本はいくつかの人権条約の締約国なので、人権条約を守らせるしくみを通じて、日本国内の人権状況が国際社会で検討され、Box：12-1のような指摘を受けることがある。

人権条約は締約国に条約を守らせるしくみを備えている。本章では**国家報告制度**を、13章では**個人通報制度**をとりあげ、人権条約の締約国が条約にもとづく義務を果たすプロセスを考えてみよう。

> **Box：12-1　人種差別撤廃委員会総括所見（2018年）**
>
> 16. 先住民族の権利に関する一般的勧告23（1997年）（Box：12-2）を想起し、委員会は、締約国に以下を勧告する。
> （a）雇用、教育、サービスへのアクセスにおけるアイヌの人びとに対する差別の解消のための努力を強化すること
> （b）「第3次アイヌの人たちの生活向上に関する推進方策」等の現在とられている取組みの実施及びその影響の監視を確実に行うこと、並びに次回の定期報告において、アイヌの人びとの生活水準向上のためにとられた措置に関する情報を提供すること
> （c）アイヌの人びとの土地及び資源に関する権利を保護するための措置をとること、並びに文化及び言語に対する権利の実現に向けた取組みの強化を継続すること
> （d）アイヌ政策推進会議及びその他の協議体におけるアイヌの代表者の割合を増やすこと

2　締約国に人権条約を守らせるしくみ

2-1　条約体と実施措置

　自由権規約や人種差別撤廃条約のような人権条約に入った国（締約国）は条約規定を守る法的義務を負う（⇒1章）。しかし、国際社会には国家を法的に拘束するしくみがないため、締約国に条約規定を守るよう強制できない。

　これに対し、主権国家内では、たとえば刑法を犯すと警察に逮捕され、検察によって起訴され、裁判所で有罪が確定すると、懲役や罰金などの刑罰が科される。国内法を破った者には法が適用され、犯罪者は国家によって必ず処罰される。このように、国内法には法を執行するしくみが備わっているが、国際社会には世界政府が存在しないため、人権条約の締約国に条約を強制的に守らせることはできない。

　とはいえ、人権条約に入っても締約国が条約規定を守らなければ意味がない。そこで、人権条約は締約国が条約規定を守っているかどうかを監視するための独自の機関（条約体⇒1章）としくみ（実施措置）をもっている。人権条約が規定する実施措置には、国家報告制度（本章）と個人通報制度（⇒13章）のほ

か、締約国が他締約国の
条約義務違反について申
し立て、条約体がこれを
審査し、調停・勧告など
を行なう**国家通報制度**も
あるが、ほとんど機能し

図表12-1　国内法と国際法の拘束力・執行力

	法的拘束力	法を執行する裏付け （統治権限）	法の執行力
国内法	あり	あり（政府）	あり
国際法	あり	なし （世界政府は存在しない）	なし

ていない。また、拷問等禁止条約（⇒9章）や障害者権利条約（⇒7章）は、条約体が大規模な人権侵害についての事実確認を行う**調査制度**をもっている。

2-2　国家報告制度の概要と審査プロセス

　人権条約の締約国には、国内での条約実施状況報告書（**国家報告**）を定期的に提出する義務がある。条約体は**国家報告**の審査を踏まえ、締約国内での条約実施状況を評価し、**Box：12-1**のような**総括所見**を公表する。総括所見では締約国に改善勧告がなされることもある。このプロセスを通じて締約国の条約実施状況を監視するのが国家報告制度である。

　国家報告は概ね次のようなプロセスで準備・提出され、審査される。

〔プロセス1〕　**国家報告の準備・提出**：国家報告は締約国の中央政府が準備する。**国内人権機関**（⇒BOX：E-3）が設置されている国では、国内人権機関自体が国家報告を準備し、あるいは中央政府と協力して国家報告を作成する場合もある。国家報告の準備段階で、報告の内容について国内のNGOと協議する場合が多い。なお、国家報告とは別に、NGOがNGOレポートを条約体に提出することもある。NGOレポートは国家報告とは別の観点で書かれ、国家報告が触れていない事実や情報が記載されているため、条約体にとって有益な情報源となる。

〔プロセス2〕　**質問票の作成**：条約体は、国家報告の審査に入る前に、国家報告に関する論点を整理し審査を効率化するため、締約国に質問票（List of Issues）を送り、審査前に回答するよう求める。なお、質問票の内容に関しNGOは条約体委員に働きかけることが多い（**ロビー活動**）。

〔プロセス3〕　**国家報告の審査**：条約体の独立した委員と締約国との間で国家報告の内容について建設的対話を行い、締約国による人権条約のより良い国内実施を促す。この建設的対話において、国内人権機関が中央政府とは別の立場で発言することもある。条約体は国家報告の効率的な審査のため、数名の条約体委員を**国別報告者**に指名する。人種差別撤廃委員会の場合、国別報告者は締約国との対話の指針を示し、テーマを絞るため、国家報告を提出した締約国に**リスト・オブ・テーマ**（LOT）を送付する。なお、審査に先立ち、NGO は委員に働きかけ、議論して欲しい問題点を説明することが多い（ロビー活動）。

〔プロセス4〕　**総括所見の採択**：条約体は国家報告の審査結果を総括所見として採択する。総括所見は、A. はじめに、B. 肯定的側面および C. 主要な懸念事項と勧告の三部からなる。

〔プロセス5〕　**フォローアップ**：条約体は締約国に対し、総括所見に関してとった措置を次回国家報告で報告するよう求める。自由権規約委員会の場合、締約国の回答を踏まえ「総括所見のフォローアップレポート」をまとめ、人権理事会に提出する。こうして、総括所見において指摘された懸念事項や勧告は、締約国の人権政策や施策に影響を及ぼし、人権法制の整備や行政慣行の改善をもたらす場合もある。

　図表12-2 はこのプロセスを簡単に図示している。

3　アイヌ民族と世界の先住民族

3-1　アイヌ民族の歴史と現状

　2018年の人種差別撤廃委員会による日本の国家報告審査において、なぜアイヌ民族が問題とされたのだろうか。

図表12-2　国家報告の審査プロセス

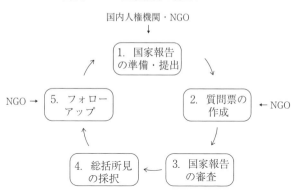

かつて、アイヌ民族は北海道、樺太、千島列島をアイヌモシリ（アイヌの住む大地）とし、固有の言語と文化をもち、共通の経済生活を営み、独自の社会を築いていた。しかし、徳川幕府や松前藩によって豊かな土地を奪われ、狩猟や交易を規制された。さらには近代的統一国家を目指した明治政府によって、アイヌに無断でアイヌの居住地を持主なき土地として一方的に日本の領土に組み入れられた。こうしてアイヌの人びとは土地も森も海もうばわれ、鹿をとれば密猟、鮭をとれば密漁、薪をとれば盗伐とされた。他方で、和人移民が洪水のように流れこみ、すさまじい乱開発が始まり、アイヌ民族は生存そのものを脅かされた。

現在、アイヌ民族は北海道内に数万人、道外に数千人住んでいるといわれるが、不当な人種的偏見と差別によって就職の機会均等が保障されず、生活が不安定な人びとが少なくない。差別は貧困を拡大し、貧困はさらにいっそうの差別を生み、生活環境、子弟の進学状況などでも格差をひろげている。

世界の5大陸の70カ国以上に、5000民族、合計3.7億人の**先住民族**が存在する。これらの人びとはアイヌ民族同様に、征服・植民地化され、国境が確立される前からある国に住み、独自の社会的、文化的、政治的制度をもつ民族集団である。オーストラリアのアボリジニー、ニュージーランドのマオリ、アメリカのネイティブ・アメリカン、カナダのファースト・ネーションズ（北米インディアン）、イヌイット（北極地方の人びと）、スカンジナビア半島北部ラップランド等に住むサーミなどが比較的知られた先住民族である。

　多くの先住民族は、それぞれが住む国家の政策決定プロセスから排除され、ぎりぎりの生活を強いられ、搾取され、多数派集団に強制的に同化させられてきた。また自分たちの集団的な権利を主張すると弾圧、拷問、殺害の対象となった。彼らは迫害を恐れてしばしば難民となり、時には自己のアイデンティティを隠し、言語や伝統的な生活様式を捨てなければならなかった。

3-2　先住民族の権利をめぐる国際社会の対応

　先住民族のこうした苦難は徐々に国際社会に知られるようになり、国連も少しずつ動き出した。1982年には、(旧)人権小委員会が先住民族に関する作業グループを設置し、先住民族権利宣言草案を作成した。1992年の地球サミットで、先住民族集団は自分たちの土地、環境が悪化していることに懸念を表明し、世界の指導者たちはこの声に耳を傾けた。人種差別撤廃委員会は1997年に一般的勧告23（Box：12-2）を採択した。そして2007年に国連総会で先住民族権利宣言（Box：12-3）が採択された。

Box：12-2　人種差別撤廃委員会一般的勧告23（1997年）

　……委員会は先住民族に対する差別が本条約の対象範囲に含まれるものであり、そのような差別と闘いこれを撤廃するためにすべての適切な措置がとられなくてはならないと一貫して確認してきた。……

　委員会は、締約国に対してとくに以下の要請を行う：

a．先住民族の固有の文化、歴史、言語、および生活様式が、国家の文化的アイデンティティをより豊かにすることを認識・尊重し、その保持を促進すること

b．先住民族の構成員がその尊厳と権利において自由かつ平等であり、とりわけ先住民族としての出自やアイデンティティにもとづき差別されないようにすること

c．先住民族に自らの文化的特徴と両立しうる持続可能な経済および社会発展が可能な条件を提供すること

d．先住民族の構成員が公的生活への実効的な参加について平等の権利を持ち、自らの権利や利益に直接関連する決定が十分な情報にもとづいた合意なしに行われないようにすること

e．先住民族の共同体が自らの文化的伝統や慣習を実践し、再活性化し、また自らの言語を保持し実践する権利を行使できるようにすること

Box：12-3　先住民族権利宣言

　総会は、以下の宣言を、パートナーシップと相互尊重の精神の下で、達成すべき基準として厳粛に宣言する。

・自己決定権（先住民族は自ら政治的地位を決め、経済的、社会的、文化的な発展のあり方や方法などを自ら決める権利）

・同化を強制されない権利

・土地や資源の返還や賠償などを求める権利

・伝統的につながりをもってきた土地や資源を利用する権利

・自治を求める権利

・文化的・宗教的な慣習を実践する権利

・独自の言語で教育を行い、受ける権利

　この権利宣言には諸国を法的に拘束する力はないが、諸国は宣言を実現するため先住民族と協議し、適切な政策をとることが求められた。

4　日本政府の取組み

　1995年、政府は「ウタリ対策のあり方に関する有識者懇談会」を設置し、アイヌ施策の見直しを始めた。1997年、この懇談会の報告書を契機に、アイヌ文化振興法が制定された。しかし、この法律の目的は、アイヌ文化の振興とアイヌの伝統等に関する国民の知識の普及・啓発のための施策推進策に限られており、アイヌの人びとの歴史的な「先住民族性」を認めるものではなかった。

　2008年6月、衆参両議院で「アイヌ民族を先住民族とすることを求める決議」が採択され、その後「アイヌ政策のあり方に関する有識者懇談会」や「アイヌ政策推進会議」（座長：官房長官）が設置され、国のアイヌ政策の見直しが検討された。その結果、2019年5月、「アイヌの人びとの誇りが尊重される社会を実現するための施策の推進に関する法律」（アイヌ施策推進法）が施行された。

4-1　アイヌ民族の先住民族性

　アイヌ文化振興法を制定する契機となった1997年の有識者懇談会報告書では、アイヌ民族の**先住民族性**は認められていなかった。しかし、同年の札幌地

方裁判所のいわゆる二風谷判決（Box：12-4）では、アイヌ民族の**先住民族性**が認められていた。

Box：12-4　二風谷事件（1997年札幌地裁判決）

・本件はダム建設のためのアイヌ民族に対する土地収用裁決の取消訴訟。

・判決は、行政の判断過程審査の際、自由権規約27条を解釈し、「自由権規約は、少数民族に属する者に対しその民族固有の文化を享有する権利を保障するとともに、締約国に対し、少数民族の文化等に影響を及ぼすおそれのある国の政策の決定及び遂行に当たっては、これに十分な配慮を施す責務を各締約国に課したもの」とし、

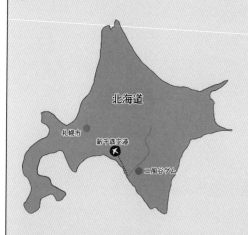

・「アイヌ民族は、文化の独自性を保持した少数民族としてその文化を享有する権利を自由権規約27条で保障されているのであって、我が国は憲法98条2項の規定に照らしてこれを誠実に遵守する義務があるというべきである」。

・「もっとも、自由権規約27条に基づく権利といえども、無制限ではなく、憲法12条、13条の公共の福祉による制限を受けるが、自由権規約27条制定の趣旨に照らせば、その制限は必要最小限度に留められなければならない。」

・この判決は、収用裁決の違法を認めたが、事情判決＊により原告敗訴となって確定した。

（＊行政処分や裁決が違法だったとき、裁判所はこれを取り消すのが原則だが、「取り消すと著しく公益を害する（公共の福祉に適合しない）事情がある場合」には請求を棄却できるという行政事件訴訟法上の制度。）

4-2　アイヌ施策推進法の概要と問題点

　アイヌ施策推進法は、アイヌ民族を先住民族として初めて位置づけ、国や自治体はアイヌ政策を実施する責務を負うものとし、アイヌ文化を生かした地域振興策を行うための交付金の創設などを盛り込んだ。また、アイヌの人びとの

独自文化の継承を後押しするため、国有林で樹木を採取し、川でサケを捕獲する手続を簡素化し、規制緩和を行うこととした。

　しかし、アイヌ施策推進法では先住民族としての土地利用権が保障されていない。当事者が求めているのは、アイヌの土地の返還ではなく、生業や文化活動を行うための土地の自由な使用権である。また、先住民族としての資源に対する権利も保障されていない。さらに、同法には差別禁止規定はあるが、差別を受けたアイヌ民族の人びとへの人権救済の方策は示されていない。

> 【学習ポイント】
>
> 　人種差別撤廃委員会の一般的勧告や先住民族権利宣言は、日本における先住民族の地位向上を促したといえるか、議論してみよう。

5　日本政府と人種差別撤廃委員会との建設的対話

　人種差別撤廃委員会における日本の国家報告の審査を実例として、人権条約の条約体による国家報告制度を説明してきた。次に、国家報告提出後に日本政府と人種差別撤廃委員会との間でどのような応答がなされていたか、アイヌ民族の土地利用権の問題に焦点を絞って検証しよう。

　国家報告制度の審査プロセスについては2-2で説明した。〔プロセス2〕から〔プロセス5〕の間に、日本政府と人種差別撤廃委員会との間で次の応答がなされた。

〔プロセス2〜4〕
2018年6月　国家報告に関する人種差別撤廃委員会のリスト・オブ・テーマ（LOT）（Box：12-5）の提示
2018年8月　LOTに対する国連担当大使による口頭回答（Box：12-6）
2018年8月　国家報告審査後の追加情報提供
2018年8月　国家報告審査に関する人種差別撤廃委員会の総括所見（Box：12-1）
〔プロセス5〕
2019年9月　人種差別撤廃委員会の総括所見に対する日本政府コメント（Box：12-7）
（出所：外務省ホームページ　https://www.mofa.go.jp/mofaj/gaiko/jinshu/index.html）

　アイヌ民族の土地利用権に言及されているのは Box：12-1、Box：12-5、Box：12-6 と Box：12-7 であった。

　人種差別撤廃委員会の LOT ではアイヌの人びとの土地と資源に対する権利の保護がリストアップされた（Box：12-5）。

> **Box：12-5　人種差別撤廃委員会 LOT（2018年）**
> 9．アイヌの人びとの雇用、教育及び生活水準へのアクセスの改善、土地と資源に対する権利の保護、文化と言語に関する権利の実現の改善、アイヌ政策推進やその他の協議体におけるアイヌの代表者の数を増加させるためにとられた措置の実施とその影響に関する情報。

　しかし、この LOT への人種差別撤廃委員会での日本政府の口頭回答では、「アイヌの人びとも日本国民として」土地利用権が保障されていると述べただけで、先住民族としてのアイヌの権利には言及しなかった（Box：12-6）。

> **Box：12-6　日本政府の LOT への回答（2018年）**
> 　アイヌの人びとの土地に対する権利に関して、我が国においては、何人も国内法に基づき土地に対する所有権その他の財産権が保障されており、アイヌの人びとも日本国民として、こうした権利をすべて等しく保障されています。

　総括所見に対する日本政府コメントにおいても、アイヌ民族固有の土地利用権はまったく言及されなかった（Box：12-7）。

> **Box：12-7　日本政府の総括所見へのコメント（2019年）**
> 12．アイヌの方々が民族としての名誉と尊厳を保持し、これを次世代に継承していくことは、多様な価値観が共生し、活力ある共生社会を実現するために重要との認識の下、アイヌ政策推進会議での議論を踏まえて、立法措置の検討を進めてきた。
> 13．その成果として、アイヌ施策推進法が制定され、同年5月に施行された。……
> 16．内閣官房長官を本部長とする「アイヌ政策推進本部」を設置し、アイヌ施策を総合的かつ効果的に推進することとしている。

　このように、アイヌ民族の土地利用権に関しては、フォローアップも含め、日本政府と人種差別撤廃委員会との対話はまったく成り立っていない。

6　国家報告制度の意義

　先住民族に対する人権抑圧は1980年代に入ってから世界で可視化されはじめ、1997年の人種差別撤廃委員会の一般的勧告や2007年の先住民族権利宣言を契機に、先住民族の人権問題が世界で主流化され、先住民族の権利に関する国際人権基準が形成された。このプロセスで人種差別撤廃条約などの人権条約とその条約体が果たした役割は大きい。

　日本政府は当初、日本に先住民族は存在しないとの立場から、アイヌ民族の人権課題に熱心に取り組んでいなかった。しかし、1995年以降日本政府はこの課題に取り組み始めたが、当初はアイヌ民族を先住民族とは認めなかった。そこで、2008年に国会で「アイヌ民族を先住民族とすることを求める決議」が採択された。この間、1997年の二風谷判決は自由権規約27条を根拠として、アイヌ民族は先住民族であると認めた。この判決は自由権規約を物差しとして、日本の人権状況を判断した良事例であった。ただし、この段階でも日本政府はアイヌ民族の先住民族性を認めなかった。

　しかし、2018年8月の人種差別撤廃委員会で、1997年の一般的勧告23（Box：12-2）を想起し、アイヌ民族に対する差別の解消などを日本政府に勧告する総括所見（Box：12-1）が採択された。同様の勧告は過去にもたびたび示されていた。これらをうけて2019年5月に、アイヌ民族を先住民族と認めるアイヌ施策推進法が制定された。国際人権法の観点からは、同法の制定に向けて国家報告制度は一定の影響を及ぼしたと評価できる。

　ただし、国家報告制度の運用を通じても、日本政府はアイヌ民族の土地利用権を認めるには至っていない。この事実だけを見ると、日本政府は人種差別撤廃委員会の総括所見で示された勧告を無視し、アイヌ民族の権利は何も進展しなかったという悲観的な評価となろう。しかし、国家報告制度の審査プロセスはこれで終わった訳ではない。図表12-2で示したように、〔プロセス5〕フォローアップの次の段階は〔プロセス1〕国家報告の準備・提出である。これは、

フォローアップ段階で実現しなかった人権条約上の締約国の義務については、数年後に提出される国家報告の審査プロセスに委ねられることを意味する。このプロセスをより実質化するため、メディアがこの審査プロセスを報道し、国会でも議論される環境が重要であろう。

　国家報告の定期的な提出は人権条約上の最も基本的な締約国の義務である。条約体は締約国が提出する国家報告を検討し、当該政府の努力が条約上の義務に合致しているかを確認し、次の報告に盛り込むべき人権目標を設定する。本章で取り上げた国家報告制度は締約国に人権条約の履行確保を迫るだけでなく、締約国と条約体との建設的対話を通じて、締約国内での人権条約の実施を支援することも目指している。

【学習ポイント】

　　20世紀の終わりから今日までの間、日本では先住民族の権利が徐々に注目されるようになり、アイヌ民族の**先住民族性**が法的に認められるなど、一定の成果がみられる。日本におけるアイヌ民族の地位向上を実例として、人権条約における**国家報告**制度の役割を考えてみよう。

13章 日本人も個人通報できるの？

1 はじめに考えてみよう

　　　　　　　　　　　日本国内でえん罪（無実であるのに犯罪
　　　　　　　　　　　者に仕立てあげられてしまうこと）に巻き
　　　　　　　　　　　込まれた場合、裁判所で救済を求める
　　　　　　　　　　　が、そこで有罪が確定すればそれ以上の
　　　　　　　　　　　救いは期待できない。しかし、**個人通報**
　　　　　　　　　　　制度を認めている国では、国境を越えた
　　　　　　　　　　　救済の可能性が残されている。ここでは
個人通報事例の１つであるメルボルン事件（Box：13-1）を見てみよう。

Box：13-1　メルボルン事件
　1992年６月、成田空港からマレーシアのクアラルンプールを経由してオーストラリアに向かっていた日本人旅行者７名中の４名（男性３名、女性１名）が、クアラルンプールで旅行カバンを盗まれた。翌日、中国系マレーシア人ガイドから代わりのスーツケースを渡されたが、オーストラリアのメルボルン空港で４名のスーツケースから大量のヘロインが発見された。ヘロインの運び屋に仕立てられた４名とツアーのリーダー格の男性は直ちに身柄を拘束された。捜査段階や裁判で彼らは一貫して潔白を主張したが、通訳の不備などもあり、ツアーリーダーは懲役20年、４名は懲役15年の刑が確定した。

　この事案が日本国内で起き、裁判で有罪が確定した場合であれば、再審を申し立てる以外に救済される可能性はない。しかも、再審が認められるのはきわめて例外である。しかし、この事案は**自由権規約第一選択議定書**を批准してい

るオーストラリア国内で起きたので、この5名には、同選択議定書にもとづく**個人通報**が可能だった。Box：13-1のメルボルン事件もBox1-1のチェルネフ事件も、個人通報の事例である。通報者の国籍、どこの国で起きた事案かなど、両者の違いを比べながら考えてみよう。

2　個人通報制度とは？

　個人通報制度とは、人権条約の締約国の領域内で起きた人権侵害について、個人が条約体（⇒1章）に苦情を申し立て、条約体がこれを検討して個人の権利救済をはかることにより、人権条約の国内実施を促す人権条約の実施措置のひとつである。ただし、この制度を活用する前提として、①人権条約の締約国が、事前に、条約体のこのような権限を承認しており、かつ、②申立者が締約国内で利用可能なすべての救済手段を尽くしていなければならない。

2-1　通報の前提1──人権条約の締約国が通報を受理・検討する条約体の権限を認めていること

　①条約体が個人通報を受理・検討する権限を条約が規定している方式（標準装備）と、②条約の締約国が条約体にこの権限を認めるかを選べる方式（オプション）がある。

①標準装備：欧州人権条約・米州人権条約・アフリカ人権憲章［バンジュール憲章］

②オプション：

　A．条約体のこの権限を受諾する宣言をした締約国だけを**個人通報**の対象とする条約（人種差別撤廃条約・拷問等禁止条約・移住労働者保護条約など）

　B．条約本体に加えて選択議定書を批准した締約国だけを個人通報の対象とする条約（自由権規約、女性差別撤廃条約、障害者権利条約など）

　メルボルン事件で通報されたオーストラリアは自由権規約と自由権規約第一選択議定書の締約国なので、通報を受理・検討する自由権規約委員会の権限を

認めていた。

2-2　通報の前提2──通報者が国内的救済を尽くしていること

　個人通報が条約体で審査されるためには、下記が各条約に共通する許容性の要件である。

①**国内的救済**手続を尽くしている（利用できるすべての手段を試みたが、救済されなかった）こと（救済措置の不当な遅延の場合を除く）
②匿名の通報でないこと
③通報権限の濫用でないこと
④通報の内容が条約規定と矛盾しないこと
⑤同一問題が他の国際的調査または解決手続の下で審理中または審理済みでないこと（たとえば、自由権規約委員会と欧州人権裁判所の両方に通報した場合など）

　このうち「国内的救済手続を尽くしていること」という条件がもっとも重要である。「国内的救済」とは、ある国に在留する者（外国籍者を含む）がその国で権利を侵害されたとき、その国に対して求める国内法上の救済手段（行政への苦情申立てや裁判を起こすなど）である。この場合、被害者である外国人の本国は、自国民が外国での国内的救済をすべて終えた後でなければ、国家として在外自国民を保護する外交的保護権を行使することができない。

　国内的救済は、もともとは、このような意味合いで使われていた。個人通報しようとする者は、権利侵害された国（自分の国でも、外国でも）で可能な国内的救済をすべて終えた後でなければ、人権条約上の個人通報を行うことはできない。

　人権条約上の個人通報制度では、締約国の管轄下にある個人が通報できる。人種差別撤廃条約・女性差別撤廃条約選択議定書・欧州人権条約では個人の集団も通報でき、欧州人権条約・米州人権条約ではNGOも通報できる。なお、個人のみが通報できる自由権規約でも、NGOが個人の代理として通報を行うことが可能である。

2-3　通報のしかた

　通報しようとする者は、国連公用語（アラビア語、中国語、英語、フランス語、ロシア語、スペイン語）のいずれかで分かりやすい通報文書を作成し、それぞれの条約体に提出する。決まった書式はないが、**Box：13-2** のモデル個人通報書式にそったものが望ましい。E メールによる通報も可能である。

Box：13-2　個人通報書式見本

どの条約にもとづく通報ですか？
・自由権規約第一選択議定書　　・拷問等禁止条約　　・人種差別撤廃条約

日付

Ⅰ．通報者の情報（代理通報の場合は、代理者の情報も）
氏名
国籍　　　　　　　出生日・出生地
住所

本人のための通報　□　　または他者のための通報　□

他者のための通報の場合の他者の情報：
氏名
国籍　　　　　　　出生日・出生地
住所または居所

Ⅱ．被通報国 / 侵害された条文

Ⅲ．国内的救済を尽くしたこと / 他の通報手続への申請の有無

Ⅳ．通報に関する事実
侵害された事実を時系列順に詳細に記述する。

Ⅴ．付属説明文書（国内裁判所の決定等）

（出所：国連人権高等弁務官事務所「国連人権条約にもとづく個人通報手続」(Fact Sheet No. 7 /Rev.2,2013,25-27頁)

2-4　個人通報審査の流れ（自由権規約委員会の場合）

　次に、個人通報はどのように審査されるかを自由権規約委員会の場合を例に
図表13-1で示そう。

図表13-1　審査の流れ

①通報　⇒　②許容性審査　⇒　③本案審査　⇒　④見解　⇒　⑤フォローアップ
　　↓　　　　　　　　　　　↓
　　不受理　　　　　　　　　不受理

① 　通報：人権侵害された個人かその代理人がジュネーヴの国連人権高等弁務官事務所
　　に通報。自由権規約委員会の委員が審査を開始。
② 　許容性審査：自由権規約委員会が実質審査に進んで良いかを判断。**通報の前提2を**
　　クリアしたと判断された通報は、③本案審査に進む。それ以外は、不受理とされる。
③ 　本案審査：許容性審査をクリアした通報だけが、実質審査の対象となる。通報者と
　　通報された締約国の双方から主張を聴いて、委員会は実質的判断をする。
④ 　見解：人権侵害が認定されると、締約国に対し是正や救済を求める勧告を含む見解
　　が採択される。勧告内容は、権利侵害された者への賠償、被拘禁者の釈放、法や行政
　　制度の改善など多様。通報者、通報された締約国に見解を送付し、一般にも公表。
⑤ 　フォローアップ：自由権規約委員会は、公表した勧告が通報された締約国で実施さ
　　れているかをチェック。締約国に救済方法について報告を要請し、また人権状況の改
　　善を求める。

Box：13-3　許容性審査と本案審査
許容性審査：2-2．通報の前提2に列挙した各要件を満たしているかの審査。
いずれかの要件を満たしていない通報は本案審査に進めず、不受理とされる。
本案審査：通報された事実が締約国の自由権規約違反に当たるかの実質審査。

　なお、本章で扱う個人通報制度は人権条約にもとづくものだが、国連や専門
機関の活動による苦情申立て制度もある。人権理事会の苦情申立て（大規模か
つ信頼できる証拠のある一貫した形態の人権侵害について人権理事会に申立てをする）
制度、ユネスコやILOにおける苦情申立て手続などである。

3　メルボルン事件

3-1　事件の概要

　メルボルン事件の弁護団（日本人弁護士）は1998年にメルボルンの刑務所に服役中の5名と面会し、5名は英語が話せず、捜査・公判を通じて通訳の能力が不十分で、警察官、検察官、裁判官、弁護人に意思が正しく伝わらなかった（⇒ Box：13-4）ことを確認し、本件はえん罪であると確信した。

　しかし、オーストラリア国内の裁判で有罪が確定し、国内的救済は終わっていた。そこで弁護団は、裁判で十分な通訳を保障されず、公正な裁判を受けられなかったのはオーストラリアの自由権規約14条3項(f)（Box：13-5）違反にあたるなどを理由として、1998年9月に自由権規約にもとづく個人通報を行った。

Box：13-4　メルボルン事件における通訳問題例

B捜査官：She may communicate with or attempt to communicate with a friend or relative to inform that person of her whereabouts. Does she understand？（正訳）：彼女は、友人、親戚に現在の彼女の所在を通知するために連絡を取る、または取る試みをすることができます。彼女はこれを理解していますか？

K通訳（誤訳）：おともだちとか、あの、家の人に連絡をとって、あの、そういう容疑、内容ですね、お話するのは、お宅さまの権利としてありますので、それは結構です。

B捜査官：Does she wish to communicate with a friend or relatives？（正訳）：彼女は友人または親戚の人と連絡を取ることを希望しますか？

K通訳（誤訳）：えー、親戚の方とか、ご両親とか、あるいはおともだちに、あの、連絡とりたいですか。

被告人：いいえ。

K通訳：No.

（出所）メルボルン事件弁護団編『メルボルン事件 個人通報の記録』（現代人文社、

2012年）106頁

> **Box：13-5　自由権規約14条3項(f)**
> 3．すべての者は、その刑事上の罪の決定について、十分平等に、少なくとも次の
> 　　保障を受ける権利を有する。
> （f）裁判所において使用される言語を理解すること又は話すことができない場合に
> 　　は、無料で通訳の援助を受けること。

　自由権規約の締約国内で規約違反の人権侵害がなされた場合、その締約国が第一選択議定書も批准していれば、人権侵害された者の国籍に関係なく、自由権規約委員会に個人通報し、侵害された人権の回復を求めることができる。自由権規約委員会が人権侵害の事実を認めれば、締約国に勧告を出して、人権侵害の是正を求めることができる。本件は自由権規約と第一選択議定書の双方を批准しているオーストラリア国内で起きたため、5名は個人通報できた。もし本件が日本で起きたとしたら、日本は第一選択議定書を批准していないため個人通報はできなかった。なお、本件は日本国籍者による個人通報の最初の事例である。

3-2　自由権規約委員会の結論

　2006年11月、自由権規約委員会は日本人5名の通報を却下した。その理由は、日本人5名には弁護人が付いていたため、通訳の不備によって5名の意思が法廷に正しく伝わっていなかったと主張できたはずであるが、裁判中にこの主張はなされていなかった。したがって、国内的救済は尽くされておらず、通報は受理できないというものだった。

　メルボルン事件の場合、通訳の質の低さが明確になったのは、日本の弁護団が現存する取調を録音したテープ・ビデオをすべて翻訳した後であった。法廷に臨んだ当時の弁護人や被告人は誰も翻訳の決定的な不備に気づいていなかった。ところが、自由権規約委員会は、「何となく通訳がうまく行っていないと被告人本人らが感じていたのであれば、この点を控訴理由に掲げるべきだっ

た。」として、通訳の問題に立ち入ることなく、申立てを却下した。

　メルボルン事件は日本人がオーストラリア国内で経験したえん罪事件に関して自由権規約第一選択議定書にもとづき個人通報した事案である。しかし、自由権規約委員会で通報の許容性が認められず、救済は得られなかった。

　ただし、個人通報したことが日本のマスコミに大きく取り上げられたため、日本政府は有罪が確定し服役中の4名の仮釈放をオーストラリア政府に要請し、4名は帰国できた。この事件は「麻薬の運び屋にされた日本人」として日本で報道され、国民にえん罪として理解された。個人通報のひとつの効果といえるだろう。

┌─【学習ポイント】────────────────────────┐
│　メルボルン事件は日本人がはじめて個人通報した事案だったが、国境
│を越えた救済は得られなかった。この個人通報は無駄だったのか、何ら
│かの意味があったのか、考えてみよう。
└──────────────────────────────────┘

4　ゲイェ対フランス事件

　次に、許容性を認められ、本案審査でも規約違反が認定された**ゲイェ対フランス事件**（Box：13-7）を紹介しよう。

　アフリカのセネガル共和国がフランスの植民地だった頃、セネガル人もフランス人としてフランス軍に勤務していた。退役後、フランス1951年軍年金法の下でフランス人元兵士と平等な年金を受給していたが、セネガルが1960年にフランスから独立したため、彼らはフランス国籍を失った。その後1974年と1979年の同法改正で彼らの年金額はフランス国籍者より低く設定された。この法改正は人種差別にあたり、自由権規約26条に違反すると通報者（セネガル人のゲイェ他）は主張した。

> **Box：13-6　自由権規約26条**
>
> すべての者は、法律の前に平等であり、いかなる差別もなしに法律による平等の保護を受ける権利を有する。このため、法律は、あらゆる差別を禁止し及び人種、皮膚の色、性、言語、宗教、政治的意見その他の意見、国民的若しくは社会的出身、財産、出生又は他の地位等のいかなる理由による差別に対しても平等のかつ効果的な保護をすべての者に保障する。

　フランス政府は、①自由権規約は年金受給権を人権と認めておらず、②フランスは第一選択議定書を批准した1984年より後に生じた事案に関してのみ自由権規約委員会の管轄権を認めているとして、通報を許容しないよう主張した。また本案に関しても、①通報者はセネガル独立によってフランス国籍を失っており、②アフリカ諸国在住の退役軍人やその家族の実態をフランス当局が把握するのは困難であり、③フランスと旧植民地との生活水準等は大きく異なり、法改正は差別にあたらないと反論した。

> **Box：13-7　ゲイェ対フランス事件（1989年自由権規約委員会見解）**
>
> 　年金受給権は自由権規約によって保障されたものではないが、年金上の利益は差別なしに与えなければならない。すなわち、別異の取扱いは合理的かつ客観的な基準にもとづいたものでなければならない。年金は提供された軍務に対して支給されるものであり、国籍は
>
>
>
> 〔通報前〕
> 年金額がフランス人より
> 少ないセネガル人高齢者
>
> 〔見解公表後〕
> フランス人と同額を得た
> セネガル人高齢者
>
> 関係ない。また、行政上の便宜（本人であることや家族状況を他国で確認し、年金制度の悪用を防ぐことの困難性）も不平等な取扱いを正当化できない。フランスとセネガルにおける生活水準および生活費の相違も別異の取扱いを正当化する理由とはならない。なぜならフランス人退役兵士も高い年金を受給してセネガルに居住し得るからである。

　ゲイェ対フランス事件でフランスの主張は認めらなかった。しかし、フランスはその後も自由権規約第一選択議定書を廃棄せず、国内での個人通報制度を認め続けている。なぜだろうか。

　フランスは国内法にもとづく年金支給行政が自由権規約に違反すると自由権規約委員会から指摘された。この点だけを見るとフランスの国家威信が傷つけられたとも受け止められる。しかし、個人通報制度の目的は、法制度や行政慣行を自由権規約が規定する国際人権基準に合致させるよう締約国に促すことであり、締約国を批判することではない。フランスが自由権規約や自由権規約第一選択議定書から離脱しないのは、個人通報制度の趣旨を理解しているためと思われる。

5　個人通報制度の意義

　セネガル人のゲイェら元フランス退役軍人は、フランス国内で行政や司法による救済は受けられなかったが、自由権規約第一選択議定書にもとづく個人通報の結果、自由権規約委員会からフランスの規約違反を認定され、国境を越えた救済が得られた。

　この他、個人通報制度を通じて、オランダでは、失業保険受給手続における男女の不平等な取扱いが改められた。また韓国では、作品が「利敵行為」だとして画家が有罪判決を受けたケースについて、画家の表現の自由を侵害するとして、韓国政府に対して補償と再発防止が勧告された。**1章**で取り上げたチェルネフ事件で、ロシアはチェルネフに補償と金銭賠償をする義務があるとされた（**Box：1-1**）。このように、個人通報制度は自由権規約締約国に在住する者の法的救済を実現する場合がある。

　自由権規約の締約国数は173、同第一選択議定書は116である（2021年2月末時点）。アジア・太平洋地域では、韓国、オーストラリア、ニュージーランド、フィリピン、モンゴルなどが第一選択議定書を批准し、個人通報制度を受け入れている。

　2016年3月時点で、個人通報制度が適用される89の締約国に対する通報総数2756件中、許容されなかった通報が669件、通報の取り下げが385件、見解での

規約侵害認定が975件、不認定が180件、係属中が547件であった。なお、100件
以上通報された締約国は、英語国名順で、ベラルーシ、カナダ、デンマーク、
ジャマイカ、オランダ、韓国、ロシア、スペインおよびウズベキスタンであ
る。

　日本も第一選択議定書を批准し、個人通報制度を受け入れれば、日本の行政
や裁判所などの行動が自由権規約の視点から検討されることになり、日本全体
の人権状況の改善につながると期待できる。

【学習ポイント】

　　日本が個人通報制度を受け入れないのは、最高裁判所や法務省が賛成
しないからともいわれている。日本はなぜフランスのような対応をしな
いのか、議論してみよう。

エピローグ

1　国際人権法の考え方から日常を考えてみると？

Ａさん（日本人学生）：大学のウェブサイトに「**特別定額給付金**」について案内が出ていたけど、Ｂさんは確認した？　この前、新型コロナウイルス感染症の拡大でバイトがなくなって生活が厳しいっていってたよね。

Ｂさん（留学生）：ああ、うん、案内は見たけど、あれ日本人だけじゃないの？

Ａさん：いや「特別定額給付金」は日本国籍じゃなくても申請できるよ。新型コロナウイルスで収入が減って日本での生活に影響を受けるのは、国籍に関係ないしね。

Ｂさん：それは嬉しい。今日も昼ご飯を食べてないし、本当に困ってる。あれ、Ａさんはどうしてる？　大学はオンライン授業だから実家に帰るかもしれないといってたよね。

Ａさん：最初はそうしようと思ってたんだけど、緊急事態宣言が出て、東京からの移動は自粛するよういわれてたから。それに私の実家はすごく田舎にあるから、もし私が東京から帰ってきたことがわかったら、私も家族も周りの人たちからなんていわれるかわからないし。

Ｂさん：日本の地方では高齢化がかなり進んでるって授業でいってたね。お年寄りは健康上、不安な人が多いだろうしね。でもＡさんが帰れないのは家族が不安だろうし、なんか変だよね……。

　ＡさんとＢさんは、日本政府の「新型コロナウイルス感染症緊急経済対策」（2020年4月20日閣議決定）として行われた特別定額給付金について話をしている。特別定額給付金は、基準日（2020年4月27日）に住民基本台帳に記録されて

いる者であれば国籍を問わず対象となり、市区町村に申請を行えば一人当たり10万円が給付された。国際人権法から考えた場合、私たちは食料や住居といった**適切な生活水準についての権利**（この後述べる**世界人権宣言**では25条に規定されている）を有しており、「特別定額給付金」は国家によるこの権利の国内的保障の一環として位置づけることができる。

一方で、新型インフルエンザ等対策特別措置法の緊急事態宣言の下、外出自粛や休業要請などが出され、Ａさんは**移動の自由**という人権の制限を受け、Ｂさんは**労働の権利**を行使できなかった。これは、人々が健康への権利（さらには生命への権利）を実現するために、ＡさんとＢさんの権利行使に制限（自粛）が課せられているわけだが、仕方がないことなのだろうか。

2　国際人権法の考え方とは何か？

本書を通じて、国際人権法の考え方を学んできた。本書を締めくくるにあたり、これまで取り上げてきた自由権規約、社会権規約、その他８つの人権条約の源泉である世界人権宣言を振り返ってみたい。

世界人権宣言の英語の正式名称は、Universal Declaration of Human Rights（人権の普遍的宣言）である。すなわち、世界中どこに生まれるかに関係なくだれもがもっている人権はこれらですよと示した宣言なのである。そこでだれもが読んで理解できるように作られた「やさしい言葉で書かれた世界人権宣言」を読んでみたい。

Box：E-1　やさしい言葉で書かれた世界人権宣言

1条

子どもたちは生まれつき、だれもがみな自由であって、いつもわけへだてなくあつかわれるべきです。

（政府訳）すべての人間は、生れながらにして自由であり、かつ、尊厳と権利とについて平等である。人間は、理性と良心とを授けられており、互いに同胞の精神をもって行動しなければならない。

2条

したがって、たといあなたと同じ言語を話さなくても、あなたと同じ皮層の色でなくても、あなたと同じ考え方をしなくても、あなたと同じ宗教を信じていなくても、あなたよりも貧しかったりお金持ちだったりしても、あなたと国籍が同じでなくても、すべての人はこれまで述べてきたようないろいろな権利や自由をもっていて、それらのおかげで助かる権利をもつのです。

（政府訳）1.　すべて人は、人種、皮膚の色、性、言語、宗教、政治上その他の意見、国民的若しくは社会的出身、財産、門地その他の地位又はこれに類するいかなる事由による差別をも受けることなく、この宣言に掲げるすべての権利と自由とを享有することができる。

2.　さらに、個人の属する国又は地域が独立国であると、信託統治地域であると、非自治地域であると、又は他のなんらかの主権制限の下にあるとを問わず、その国又は地域の政治上、管轄上又は国際上の地位に基づくいかなる差別もしてはならない。

（文部科学省、https://www.mext.go.jp/b_menu/shingi/chousa/shotou/024/report/attach/1370775.htm）

このように、世界人権宣言は「人として生まれた」という理由だけで認められる権利で、言語や皮膚の色、性、宗教、意見、国籍が違ったとしても変わらずに認められる権利を規定している。それら権利には、迫害から保護を受ける権利（⇒9・10章）、労働の権利（⇒8章）、教育についての権利（⇒4・6章）など、本書で取り上げた事例にかかわる権利も当然のことながら含まれている。

さて、本書を通じて国際人権法の考え方を学んできた中で、ふと日々の生活をふりかえってみると、冒頭の事例のようにさまざまな違和感に行きつくのではないかと思う。そして、本書で学んだみなさんは、その違和感の正体にピン

とくるだろう。つまり、その違和感は、世界中どこでもだれにでも認められる
はずの普遍的な人権が「自分（たち）には／ある人（たち）には」認められて
いないことに対する「違和感」だったのである。

　この違和感や困難を事例という形で問題提起し、国際人権がどこでもだれで
も認められるための論理である国際人権法の考え方を示してきた。具体的に
は、2章では「人権の不可分性」を、3章では「差別の禁止」を、4章では女
性差別撤廃条約が示してきた「ジェンダー」の視点を、5章では人種差別撤廃
条約が示してきた「人種」と「国籍の有無」の違いを、6章では子どもの権利
条約が示してきた「権利主体」としての子ども観を、7章では障害者権利条約
が示す「障害」の社会モデルの考え方を、8章ではILO100号条約が示す「同
一価値労働同一賃金」を示してきた。さらに、複数の条約を取り上げながら、
9章は難民条約と拷問等禁止条約での「ノン・ルフールマン原則」を、そして
10章では難民条約と移住労働者権利条約を取り上げ、「難民」「移住労働者」と
いう国民ではない人々に「誰でも認められる権利」は国内でどのように保障さ
れるのかを確認した。

3　なぜ国際人権法か

　では、国際人権法の考え方を学んで、自身が経験してきた違和感や困難が、
本来だれもが有している人権が侵害されているということなのだとわかった
今、人権侵害に対し私たちはどのように行動できるのだろうか。

　本書で取り上げた事例を通じて、私たちは当事者たちが国際人権法を通じて
社会を問い直してきた軌跡をたどってきた。"Nothing about us without us"
（私たち抜きに私たちのことを決めてはならない）は、1960年代にアメリカで始まっ
た自立生活運動の中で使われていた言葉であるが、障害者権利条約（⇒7章）
の制定過程において、当事者である障害者らの間でスローガンとして広がった
ものである。この言葉は、だれもが認められるべき人権を認められてこなかっ
た当事者たちが、自らも人権を保有・行使する主体であること、そして人権保
有者としてその権利を国際的に、国内的に保障していくプロセスに参加し、当
事者として意見が聞かれ、最終的に施策の選択・決定に積極的に関与していく

べきことを示している。人種差別撤廃条約、女性差別撤廃条約、子どもの権利
条約も、こうした当事者たちの努力によって成立した。

1章で学んだように、国際人権を保障する第一の義務を負うのは国家である。日常生活の中での差別や権利侵害は私人と私人の間で起きるものも多いが、国家が私人による差別や侵害を規制するなど、やはり国家が立法、行政、司法を通じて、普遍的な国際人権を保障する義務を負う。したがって私たちが違和感や困難を経験するのは、国家が人権を保障する義務を十分に果たしていないからかもしれない。このような場合、当事者たちは本書3部（11・12・13章）で取り上げた方法などを通して、国家に人権の保障を問い直してきた。

3-1 政治部門（立法・行政）を経由して問い直す

第1に、国家の政治部門である立法および行政を通じた問い直しである。

たとえば、子どもは教育を受ける権利を有する一方、学校に行く「義務」があるわけではない。にもかかわらず、政府は不登校を「問題行動」として学校外での学びを支援してこなかった。これを問い直す不登校の児童生徒や保護者の訴えが政府の政策転換をもたらした（⇒6章）また、障害者権利条約の批准に際し、委員の半数以上が障害当事者・家族が占める障がい者制度改革推進会議、そしてその部会での議論を経て、障害の社会モデルを反映した国内法整備が行われた（⇒7章）。

3-2 司法部門を経由して問い直す

第2に、国家の司法部門である裁判を通じた問い直しである（⇒11章）。

たとえば、特定の民族の子どもたちの通う学校を標的にして、怒号を交えながらその民族を排斥するような言葉を浴びせてくる示威活動に対し、当事者たちはその行為が人種差別に当たり、社会的に許されない行為であると裁判を通じて訴えた（⇒5章）。また、「同じ仕事」をしているにもかかわらず一般職か事務職かという雇用区分により賃金に大きな格差があった事例で、当事者たちは裁判を通じて同一労働同一賃金原則による問い直しを行った（⇒8章）。

3-3 国際機関を経由して問い直す

　残念ながら、国家の政治・司法部門に問い直しても、なかなか差別や権利侵害の解消に動いてくれない場合も多い。そのような場合に、第3の方法として、人権条約の委員会やILOを含む国際機関を通じて、国家に国内的保障の義務を履行するよう働きかけてきた。

　国際機関が国内的保障を審査する過程において、国際機関に報告書を提出しロビー活動することを通じて、国家に問い直しを行うことができる。たとえば、アイヌ民族の当事者らが、国家報告の審査プロセスにおいて、日本政府がとるアイヌ民族の先住性や土地権を認めない政策の問題を訴えてきた（⇒12章）。加えて、当事者が国際機関に国家の義務違反を訴えるという個人通報制度（⇒13章）で、国家の義務履行を問い直すことができるが、日本は個人通報制度を受諾しておらず、日本という国家に対しては利用することができない。

4　さらに国際人権法を活かすために

　このように、「国際人権法を使って日々の生活の中でいかに人権を保障していくか」は、差別や権利侵害を受けてきた**当事者の意見や参加**を抜きには考えることができない。ただし、人権課題によって当事者は異なるので、私たちはみな何らかの「当事者性」をもちうる存在である。したがって、誰でも違和感を覚えた社会の現実に向き合い、それを問い直す必要に迫られる可能性がある。しかも、その際に国際人権の保障を働きかける主体（アクター）は、今日では国家だけではなくなっている。たしかに、国際人権法上、人権を保障する義務を負うのは国家である（⇒1章）が、日常の中で出会う国家以外の主体（アクター）も人権保障を担う責任と役割を果たすようになってきた。

　もちろん、司法部門を経由した訴えや個人通報の利用などの国際人権法による問い直しの方法について日本での今後の進展の余地が大きいことから、そこにも国際人権法を活かすポテンシャル（可能性）があるといえる。しかし、ここではおもに主体（アクター）に注目して、このポテンシャルを考えてみたい。

　第1に、**自治体**である。ヘイトスピーチ（⇒5章）という人種差別に対し、日本政府はヘイトスピーチ解消法を制定・施行したが、その行為を違法とし犯

罪として処罰するもの
ではなかった。人種差
別撤廃条約が求めるヘ
イトスピーチ根絶のた
めの積極的な措置とし
ては課題が残る中で、
一歩進んだ取組みを展
開したのは自治体で
あった。川崎市の条例
ではヘイトスピーチを
禁止し、違法行為を繰

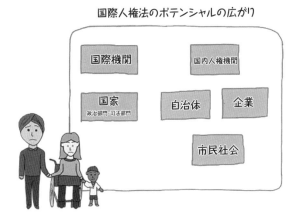

国際人権法のポテンシャルの広がり

国際機関　国内人権機関

国家（政令部門・司法部門）　自治体　企業

市民社会

り返した場合は罰金（命令違反は50万円以下の罰金）のうえ、氏名または団体の
名称等が公表される。このように、国際人権法上は同じ「国家」ではあるが、
自治体政府が中央政府の政策より前進した国内保障を進めてきた。

　第2に、**市民社会**（civil society）である。政府に対して当事者（個人、市民）
の立場を代表する存在として市民社会があり、その市民社会組織の代表格が
NGO（Non-governmental Organization）である。NGOは文字通り「非政府組織」
なので、日本でいうNPO法人（特定非営利活動法人）はもちろん、法人格をも
たない任意団体・グループも含まれる。国家報告制度（⇒12章）でみたように、
国際的保障において国内で生じている人権侵害の実情や政府の国内的保障の問
題点を明らかにしてきたのが、市民社会によるNGOレポートやロビー活動で
ある。なおNGOは国際人権法の形成過程にも参加している。たとえばILO
（⇒8章）は政府、使用者、労働者の代表からなる三者構成を取っており、国際
労働基準の設定そのものにNGO（使用者団体、労働者団体）が参加している。

　第3に、**企業**である。国内では、外国人技能実習制度（⇒10章）の悪用に加
え、過重労働や低賃金を労働者に強いる「ブラック企業」、セクシュアル・ハ
ラスメントやパワー・ハラスメントなど、職場での人権侵害は後を絶たない。
また、企業が進出先の人権問題に、さらにはサプライチェーンを通じて地球規
模の人権問題に関与する実態が問題視されている。国際社会では、1980年代後
半からこのような企業による人権侵害に注目してきたが2011年にようやく「国

連ビジネスと人権に関する指導原則」ができた。名前のとおり条約ではないが、企業が世界中どこで活動していても、国際的に認められた人権基準（国際人権法）を尊重する責任を負うことが確認された。

Box：E-2　メディアと投資家の役割

　企業の人権を尊重する責任に注目が高まってきたが、企業の中でもメディアと投資家は国際人権法の保障において特別な役割を担っている。

　メディアは、新聞、テレビ、インターネットでのニュース報道などを通じて、日本国内外でのさまざまな人権問題を私たちに提起してくれる重要な存在である。一方で、大きな社会的権力となったメディアがプライバシーの侵害やヘイトスピーチなどの人権問題を直接・間接的に引き起こすこともある。

　株式や債券の購入を通じて企業に投資する投資家は、対象企業の事業や決定に大きな影響を与えてきた。そこで、投資家が売り上げなどの財務的な評価だけでなく、環境（E）、社会（S）、ガバナンス（企業統治、G）を重視して投資先を決定することで、企業活動を、そして社会を持続的なものへ変化させることを目指すESG投資が注目されている。銀行や証券会社などの金融機関がESG投資に取り組んでおり、そのことが企業に環境や人権などの非財務情報の開示を促進させている。もちろん金融機関自身も企業として人権を尊重する責任を有しており、そもそも人権侵害を引き起こし助長するような投融資は行ってはならない。

　最後に、**国内人権機関**である。国家は国内の人権保障を担う存在であるが、残念ながら国家による人権侵害が後を絶たないのも事実である。国家が直接的に人権を侵害している場合もあれば、私人による侵害から個人を保護できていない場合もある（⇒2章）。国内人権機関は、政府から独立しており、たとえば司法（裁判所）における人権侵害を含む、さまざまな人権侵害に対して、侵害の調査や救済を通じて迅速な解決を図り、また国家に対し政策提言を行っている。裁判による救済は費用などの面でハードルが高い場合もあり、日本での早期の国内人権機関の設置が望まれる。

> **Box：E-3　国内人権機関**
> 　国内人権機関とは、政府から独立して、人権を促進し、保護する権限をもつ国家機関をいう。その原則は、国連総会で1993年に採択された国内機構の地位に関する原則（パリ原則）に定められている。日本では未設置だが、すでに100カ国以上で設けられている。

　このような国際人権法のポテンシャルが表れたものとして、**持続可能な開発目標**（Sustainable Development Goals：SDGs）がある。2015年9月の国連持続可能な開発サミットにおいて「持続可能な開発のための2030アジェンダ」が採択され、そのなかで2030年までに持続可能でよりよい世界を目指すための17の目標と169のターゲットからなるSDGsが設定された。これら目標とターゲットを通じて、「誰一人取り残さない（leave no one behind）」こととともに、「すべての人々の人権を実現し、ジェンダー平等とすべての女性と女児の能力強化を達成すること」が目指されている。各国政府や国際機関はもちろん、自治体や市民社会、企業を含む民間セクターにも、目標を主体的に実現する役割があることが確認された。

5　新型コロナウイルス感染症対策の課題を考える

　これまで国際人権法の考え方として、私たちは一人ひとりがさまざまな人権を有していることを学んできた。そうなると、人権と人権が衝突してしまう場合も出てくるだろう。たとえば、ある人の知る権利を行使することが、別の人のプライバシーの権利を侵害するような場合である。

　新型コロナウイルス感染症の世界的な拡大への対応のなかで、個人の権利と権利の衝突がさまざまな形で現れた。冒頭の事例で紹介したように、緊急事態宣言が2020年4月7日に首都圏で、4月16日に全国に出されたことに伴い、外出の自粛要請が始まると、私たちの人権のひとつである「移動の自由」が制限された。このような法令に伴う制限だけでなく、人びとの間で、たとえば県外のナンバープレートをつけた自動車が止まっていると私的に取り締まったり、

攻撃を行ったりするような（「自粛警察」と呼ばれる）行為が登場するようになった。新型コロナウイルス感染症から自身の健康を守るという健康への権利および生命への権利のために、人びとは外出自粛という移動の自由の制限を求められたのである。

　このことを考えるにあたり、世界人権宣言の29条および30条に規定された、「すべての者の人権保障」を実現するために私たちに求められる内容を確認してみよう。先ほどと同様に、「やさしい言葉で書かれた世界人権宣言」を示す。

Box：E−4　やさしい言葉で書かれた世界人権宣言

29条

　こういうわけで、あなたは、あなたの人間らしさを発展させることを認める人々のなかに住んでいるのですから、そういう人々に対してあなたも同じようにする義務を負っているのです。

（政府訳）

1. すべて人は、その人格の自由かつ完全な発展がその中にあってのみ可能である社会に対して義務を負う。
2. すべて人は、自己の権利及び自由を行使するに当っては、他人の権利及び自由の正当な承認及び尊重を保障すること並びに民主的社会における道徳、公の秩序及び一般の福祉の正当な要求を満たすことをもっぱら目的として法律によって定められた制限にのみ服する。
3. これらの権利及び自由は、いかなる場合にも、国際連合の目的及び原則に反して行使してはならない。

30条

　世界のあらゆるところにおいて、どんな社会も、どんな個人も、これまでいろいろ挙げてきた権利や自由を無効なものにしようなどとすることは許されません。

（政府訳）

　　この宣言のいかなる規定も、いずれかの国、集団又は個人に対して、この宣言に掲げる権利及び自由の破壊を目的とする活動に従事し、又はそのような目的を有する行為を行う権利を認めるものと解釈してはならない。

　「すべての者の人権」が保障されるためには、自己の人権が保障されるのと同じように、社会の中で暮らす他の人びととの人権も保障される必要がある。ゆえに、自己の人権を実現するために、他者の人権を否定するようなことまでは

認められないだろう。他人の権利および自由の正当な承認および尊重を保障するために必要な場合は、自己の人権の行使が制限されうる。

　しかし、その制限は必ず「法律によって定められたもの」でなければならない。この点で、国家が立法・行政・司法を通じて国際人権を保障する義務、特に私人による人権侵害を防止し救済する保護義務（⇒2章）を果たせているのかが重要となる。加えて、法律による人権行使の制限が合理的であるか、すなわち、他者の人権を承認・尊重するために必要な制限であるか、また、どちらか一方の権利が過度に制限されていないかなど、批判的に検証していくことも重要である。

　執筆時である2020年初冬は新型コロナウイルスの感染が再び広がり、「第三波」といわれている。ワクチン開発は徐々に進んでいるが、私たちの生活に行き届くにはまだ時間がかかるだろう。この新型コロナウイルス感染症の世界的拡大は歴史に残る世界的危機となっているが、たとえば、2008年リーマンショック（世界金融危機）や2011年東日本大震災など、残念なことに、私たちはこれまでもさまざまな社会的危機に直面してきたし、そしてこれからも直面していくだろう。本書を通じて国際人権法の考えを学んできたみなさんが、これまでの、そしてこれからの危機と直面するなかで、「だれもが有している人権」である国際人権がすべての者に保障できていないことへの違和感を見過ごさないようにしてほしい。そして、国家に加え、自治体、市民社会、企業も人権保障の役割を果たしつつある。見過ごさなかった違和感を、国家の施策、そして自治体、市民社会、企業の役割に対する厳しくも前向きな眼差しにしていってほしいと強く願う。

事項索引

判例等索引

一般的意見・総括所見索引

執筆者紹介（執筆順）

川島　聡（かわしま　さとし）　　担当：プロローグ、2章、3章、7章、9章、11章
岡山理科大学経営学部准教授

山崎公士（やまざき　こうし）　　担当：1章、6章、12章、13章
神奈川大学名誉教授

菅原絵美（すがわら　えみ）　　担当：4章、5章、8章、10章、エピローグ
大阪経済法科大学国際学部教授

Horitsu Bunka Sha

国際人権法の考え方

2021年6月20日　初版第1刷発行

著　者　　川島　聡・菅原絵美
　　　　　山崎公士

発行者　　畑　　光

発行所　　㈱株式会社　法律文化社

〒603-8053
京都市北区上賀茂岩ヶ垣内町71
電話 075(791)7131　FAX 075(721)8400
https://www.hou-bun.com/

印刷：西濃印刷㈱／製本：㈱藤沢製本
本文・装幀イラスト：内藤将大

ISBN 978-4-589-04144-9

ⓒ2021 S. Kawashima, E. Sugawara, K. Yamazaki
Printed in Japan

横田洋三編 **国際人権入門**〔第2版〕 A5判・272頁・2970円	国連人権理事会の普遍的定期審査など、国際人権法の新展開に即し全面的に内容を見直した。初学者が親しみやすいように、資料や設問を新たに盛り込む。個人通報制度の受諾問題をはじめ日本との関わりも意識的に取りあげる。
中富公一編著 **憲法のちから** ―身近な問題から憲法の役割を考える― A5判・236頁・2640円	SNSへの書き込みはどこまで認められるか？表現の自由など憲法の知識を社会生活の中で主体的に考え活用できる力を養う。導入で学生の会話による疑問を提示し、憲法の考え方や仕組みを資料・図版を交えて解説する。
徳川信治・西村智朗編著 **テキストブック 法と国際社会**〔第2版〕 A5判・240頁・2530円	高校での既習事項をふまえながら大学で学ぶ国際法の仕組み・役割をかみ砕いて解説する。授業経験にもとづき本文の表現や説明の仕方を工夫したほか、気候変動に関するパリ協定など、国際社会の新たな動向を反映させた。
山形英郎編 **国際法入門**〔第2版〕 ―逆から学ぶ― A5判・428頁・2970円	国際法を初めて学ぶ学生に向けて作られた教科書。集団安全保障や戦争違法化など国際法の具体的制度を叙述した後に国際法の法源・法的性質など抽象的な総論を解説する構成。最新動向をアップデートし、批判的に見る眼も養う。
小林友彦・飯野 文・小寺智史・福永有夏著 **WTO・FTA法入門**〔第2版〕 ―グローバル経済のルールを学ぶ― A5判・228頁・2640円	WTOを重視する従来の書籍とは一線を画し、FTAの役割もふまえ両者をバランスよく学べる。米国トランプ政権の保護主義的政策、WTO紛争処理手続の機能不全、日EU経済連携協定、日米貿易協定、TPP11など最新動向を補足。

―法律文化社―

表示価格は消費税10%を含んだ価格です